СИЛА БОГА

*Відвіку
не чувано,
щоб хто очі відкрив був
сліпому з народження.
Коли б не від Бога був Цей,
Він нічого не міг би чинити.
(Євангеліє від Івана 9:32-33)*

СИЛА БОГА

Dr. Jaerock Lee

Сила Бога, автор: Доктор Джерок Лі
Опубліковано видавництвом Urim Books
851, Guro-dong, Guro-gu, Seoul Korea
www.urimbook.com

Цю книжку, або будь-які уривки з неї, забороняється відтворювати у будь-якій формі, зберігати у системі комп'ютера, передавати у будь-якій формі та будь-яким способом: електронним, механічним, робити фотокопії, переписувати, або користуватися для цього іншим способом, без попереднього письмового дозволу видавця.

Якщо не записано інше, всі цитати із Біблії взяті з Біблії перекладу І. Огієнка.

Авторське право © 2005 Доктор Джерок Лі
Всі права захищені.

Раніше видано корейською мовою видавництвом Urim Books, Seoul, Korea. Copyright © 2004,
ISBN: 979-11-263-1200-9 03230
Переклад з корейської: Доктор Куян Чан. Використовується за дозволом.

Перше видання: вересень 2005

Редактор: Доктор Геумсун Він
Видано у Сеулі, Корея, видавництвом Urim Books
(Представник: Сеонкеон Він)
Надруковано у Сеулі, Корея

Передмова

Я молюся за те, щоби силою Бога-Творця і за допомогою Євангелія Ісуса Христа всі люди відчули полум'яну дію Святого Духа…

Дякую Богу-Отцю, Котрий благословив нас зібрати та опублікувати в одній книзі послання з 11 двотижневих Особливих Зборів Духовного Відродження, які проходили у травні 2003 року. Тема зборів: «Сила». На цих зборах Бог був велично прославлений численними свідоцтвами.

З 1993 року, незабаром після десятої річниці заснування Центральної Церкви Манмін через Щорічні Особливі Збори Духовного Відродження Бог почав навчати членів, як зберегти істинну віру і стати духовними людьми.

Згідно з темою Зібрання Духовного Відродження 1999 року «Бог є любов» Він дозволив відбутися випробуванням благословення, щоби члени Церкви Манмін зрозуміли важливість істинного Євангелія, з любов'ю виконували закон і були схожими на нашого Господа, Котрий явив чудову силу.

На початку нового тисячоліття, у 2000 році, для того, щоби всі люди у світі відчули силу Бога-Творця, Євангеліє Ісуса Христа і полум'яну дію Святого Духа, Бог благословив нас транслювати наживо Збори Духовного Відродження за допомогою супутника Мугунгва та глобальної комп'ютерної мережі. У 2003 році слухачі із приблизно 300 церков у Кореї, а також п'ятнадцяти інших країн приймали участь у Зборах Духовного Відродження.

У книзі «Сила Бога» була зроблена спроба познайомити з процесом зустрічі людини з Богом, коли людина отримує Його силу, також розповісти про різні рівні сили, найвищу силу створіння, яка існує за межею можливостей людини-творіння, та про місця, де являється Його сила.

Сила Бога-Творця сходить на людей, схожих на Бога, Котрий є Світло. Крім того, коли людина духовно поєднується з Богом, вона може явити таку ж силу, яку являв Ісус. Господь в Євангелії від Івана 15:7 говорить нам: «Коли ж у Мені перебувати ви будете, а слова Мої позостануться в вас, то просіть, чого хочете, -- і станеться вам!»

Я особисто відчув радість і щастя звільнитися від недугів після семи років хвороби і фізичних страждань, ставши слугою Божої сили, схожим на Господа. Я декілька днів постився і молився після того, як був покликаний бути слугою Господа. Ісус говорить нам в Євангелії від Марка 9:23: «Щодо того твого "коли можеш", -- то тому, хто вірує, все можливе!» Я також вірив і молився, бо міцно тримався обітниці Ісуса: «Хто вірує в Мене, той учинить діла, які чиню Я, і ще більші від них він учинить, бо Я йду до Отця» (Євангеліє від Івана 14:12). В результаті на щорічних Зборах Духовного Відродження Бог явив нам ознаки і дива, дав нам незчисленні зцілення і відповіді. Крім того, протягом другого тижня Зборів Духовного Відродження Бог зосередив прояв Своєї сили на сліпих, глухих, німих, а також тих, хто не міг ходити.

Навіть з розвитком медицини людям, які втратили зір або слух, вилікуватись майже неможливо. Однак всемогутній Бог явив Свою силу так, що коли я молився з кафедри, дія сили створіння могла відновити відмерлі нерви і клітини, і люди починали бачити, чути і говорити. До того ж, зігнуті спини розгиналися, негнучкі кістки ставали гнучкими, і люди могли відкинути свої милиці, ціпки, інвалідні візки, вставати, стрибати і ходити.

Чудесна дія Бога переходить межі часу і простору. Люди, які приймали участь у щорічних Зборах Духовного Відродження у 2003 році за допомогою супутникового зв'язку, або через Інтернет, також відчули силу Бога, і вони свідчать про дива навіть до сьогодні.

Ось чому послання зі Зборів Духовного Відродження

2003 року, де дуже багато людей відродилися словом істини, отримали нове життя, спасіння, відповіді, відчули силу Бога і велично прославили Його, були зібрані в одну книгу.

Я особливо дякую Геумсун Він, директору редакційного бюро, його робітникам, а також бюро перекладів за їхню важку роботу і відданість справі.

Нехай кожен з вас відчує силу Бога-Творця, Євангелія Ісуса Христа і полум'яну дію Святого Духа. Нехай ваше життя буде сповнене радістю і щастям. В ім'я Господа нашого Ісуса Христа я молюсь!

Джерок Лі

Передмова

Ця книжка – обов'язкова для прочитання. Вона служить основним посібником, за допомогою якого людина може отримати істинну віру і відчути дивовижну силу Бога.

Всю подяку і славу я складаю Богові, Котрий привів нас до публікації в одній книзі послань з «11-их двотижневих Особливих Зборів Духовного Відродження за участю Доктора Джерок Лі», які відбулися у травні 2003 року, де була присутня велика і дивовижна сила Бога.

Книга «Сила Бога» захопить вас величчю і проникливістю. У ній зібрані дев'ять послань зі Зборів Духовного Відродження, які проходили під темою «Сила», а також свідоцтва людей, які особисто відчули силу живого Бога і Євангелія Ісуса Христа.

У першому посланні «Вірити в Бога» описується особистість Бога, розповідається про те, що значить вірити у

Нього, як ми можемо зустрітися з Богом і відчути Його силу.

У другому посланні «Вірити в Господа» розповідається про ціль приходу Ісуса на землю, чому тільки Ісус – наш Спаситель, чому ми отримуємо спасіння і відповіді, коли віримо в Господа Ісуса.

Третє послання «Посуд, прекрасніший, ніж коштовне каміння» детально розповідає про те, які сили потрібні для того, щоб бути дорогою, славною і прекрасною посудиною в очах Бога, а також про благословення, які сходять на такий посуд.

У четвертому посланні «Світло» розповідається про духовне світло; що ми маємо робити, щоби зустріти Бога, Який є Світло. Також іде мова про благословення, які ми отримуємо, коли ходимо у світлі.

П'яте послання «Сила Світла» відображає чотири різні рівні Божої сили, яка проявляється через творіння-людину, через різноманітні кольори світла. Тут також зібрані дійсні свідоцтва про різні види зцілення, явлених на кожному рівні. Крім того, представляючи найвищу силу створіння, детально описується безмежна сила Бога, а також способи отримання сили світла.

Засноване на факті, коли у чоловіка, сліпого від народження, після зустрічі з Ісусом з'явився зір, а також на свідоцтвах багатьох людей, котрі почали бачити та зцілилися від сліпоти, шосте послання «Відкриються очі сліпим», допоможе вам зрозуміти з перших рук силу Бога-Творця.

У сьомому посланні «Люди вставатимуть, стрибатимуть і ходитимуть» ретельно розглядається історія про розслабленого, котрий діставшись до Ісуса за допомогою друзів, встав і почав ходити. Крім того, послання інформує читачів про діла віри, котрі вони мають явити Богу, щоби відчути таку силу у наш час.

Восьме послання «Люди радітимуть, танцюватимуть і співатимуть» заглиблюється в історію глухонімого, котрий зцілився, прийшовши до Ісуса; знайомить нас зі способами, завдяки яким ми також сьогодні можемо відчути таку силу.

І нарешті у дев'ятому посланні «Бездоганне Боже провидіння» детально розглядаються пророцтво про останні дні і пророцтво про провидіння Бога для Центральної Церкви Манмін. Вони були явлені Богом особисто більше двадцяти років тому під час заснування Церкви Манмін.

В ім'я Господа нашого Ісуса Христа я молюся про те, щоби через цю книжку багато людей отримали істинну віру, завжди відчували силу Бога-Творця, були використані як посудини Святого Духа і виконали Його провидіння!

Геумсун Він
Директор редакційного бюро

Зміст

Послання 1
Вірити в Бога (Послання до євреїв 11:3) · 1

Послання 2
Вірити в Господа (Послання до євреїв 12:1-2) · 25

Послання 3
Посуд, прекрасніший, ніж коштовне каміння
(2 Послання до Тимофія 2:20-21) · 47

Послання 4
Світло (1 Послання Івана 1:5) · 67

Послання 5
Сила Світла (1 Послання Івана 1:5) · 85

Послання 6

Відкриються очі сліпим (Євангеліє від Івана 9:32-33) · 117

Послання 7

Люди вставатимуть, стрибатимуть і ходитимуть
(Євангеліє від Марка 2:3-12) · 135

Послання 8

Люди радітимуть, танцюватимуть і співатимуть
(Євангеліє від Марка 7:31-37) · 157

Послання 9

Бездоганне Боже провидіння
(Книга Повторення Закону 26:16-19) · 179

Послання 1

Вірити в Бога

Послання до євреїв 11:3

*Вірою ми розуміємо,
що віки Словом Божим збудовані,
так що з невидимого
сталось видиме*

Алілуя! Всю славу і подяку я віддаю нашому Богу-Отцеві, Котрий благословив нас на проведення 11-их Особливих Зборів Духовного Відродження.

З часу перших двотижневих Особливих Зборів Духовного Відродження, які відбулися у травні 1993 року, безліч людей особисто на собі відчули зростаючу силу і дію Божу, за допомогою якої хвороби, які неможливо було вилікувати засобами сучасної медицини, виліковувались, і зникали проблеми, які не вирішувались за допомогою науки. За останні 11 років, як написано в Євангелії від Марка 16:20, Бог підтвердив Своє Слово ознаками, які супроводжували його.

Через послання великої віри, праведності, плоті і духа, добра, світла і любові, Бог привів багато членів Церкви Манмін до глибшого духовного життя. Крім того, через кожні Збори Духовного Відродження Бог особисто являє нам Свою силу, так що тепер цей захід став відомим всьому світу.

В Євангелії від Марка 9:23 Ісус говорить: «Щодо того

твого коли можеш, то тому, хто вірує, все можливе!» Тому якщо ми маємо істинну віру, для нас немає нічого неможливого, і ми отримаємо все, до чого прагнемо.

Тоді у що і як нам треба вірити? Якщо ми не знаємо Бога і віримо неправильно, ми не зможемо відчути Його силу, і буде важко отримати відповіді від Нього. Тому найважливіше – це правильне розуміння і правильна віра.

Хто такий Бог?

По-перше, Бог – Автор шестидесяти шести книг Біблії. У 2 Посланні до Тимофія 3:16 нам нагадується про те, що «усе Писання Богом надхнене». Біблія складається з шестидесяти шести книжок. Підраховано, що її писали тридцять чотири чоловіки на протязі 1,600 років. Однак найдивовижнішим аспектом кожної книги Біблії є те, що її записували багато людей на протязі багатьох століть, але від початку до кінця вона гармонійна і ціла. Інакше кажучи, Біблія – це Слово Боже, записане за надиханням Святого Духа різними людьми, яких Він вважав гідними на протязі різних періодів історії. Через Біблію Бог явив Себе. Тому той, хто вірить у те, що Біблія – Слово Боже і кориться йому, може відчути обіцяні Богом благословення і милість.

Бог говорить: «Я Той, що є» (Вихід 3:14). На відміну від ідолів, створених людською уявою, або вирізаних рукою людини, Бог істинний, Він існував до вічності. Крім того, ми можемо сказати, що Бог – це любов (1 Послання Івана 4:16), світло (1 Послання Івана 1:5) та істинний суддя наприкінці часів.

Однак понад усе ми повинні пам'ятати, що Бог Своєю вражаючою силою створив все на небі і на землі. Він – всемогутній. Він твердо являв Свою дивовижну силу від часів створіння і до сьогодні.

Творець всього

У Книзі Буття 1:1 читаємо: «На початку Бог створив Небо та землю». У посланні до євреїв 11:3 написано: «Вірою ми розуміємо, що віки Словом Божим збудовані, так що з невидимого сталось видиме».

На початку часів все у всесвіті було створено Божою силою із нічого. Своєю силою Бог створив сонце, місяць у небі, рослини і дерева, птахів і тварин, рибу у морях, а також людину.

Незважаючи на це, багато людей не можуть повірити у Бога-Творця, бо концепція створіння надто суперечить тим знанням або життєвому досвіду, який вони отримали у цьому світі. Наприклад, на думку цих людей неможливо, щоби все у всесвіті було створено із нічого за Божим наказом.

Тому з'явилася теорія еволюції. Прихильники теорії еволюції намагаються довести, що живий організм почав існувати випадково, еволюціонував і розмножився. Якщо люди заперечують Боже створіння всесвіту, спираючись на таку систему знань, вони не можуть повірити тому, що записано у Біблії. Люди не можуть повірити у проповідь існування небес і пекла, бо вони ніколи там не були, а також не вірять у свідчення Ісуса Христа, Котрий народився як людина, помер, воскрес і піднявся на небо.

Однак ми бачимо, що з розвитком науки розкривається помилковість теорії еволюції, тоді як докази щодо факту створіння міцнішають. Навіть без переліку наукових свідоцтв існує незліченна кількість прикладів, які свідчать на користь Божого створіння всесвіту.

Свідчення, за допомогою яких ми можемо повірити у Бога-Творця

Ось один з таких прикладів. У світі існує більше двохсот країн, та ще більше різних етнічних груп людей. Однак, незалежно від кольору шкіри: білої, чорної або жовтої, всі мають по два ока. Кожен має по два вуха, один ніс з двома ніздрями. Цей приклад стосується не тільки людей, але також тварин, що живуть на землі, птахів, що літають у небі, і риб, які плавають у морях. І незважаючи на те, що хобот слона дуже великий і довгий, це не означає, що в нього більше двох ніздрів. Всі люди, звірі, птахи і риби мають один рот і спільне його розташування. Серед різних видів існують тонкі відмінності щодо місця положення кожного органу, але в основному будова і місцеположення не відрізняються.

Яким чином все це могло статися «випадково»? Це і є

вагомим доказом того, що один Творець задумав і створив численних людей, тварин, птахів і риб. Якщо би було більше одного творця, зовнішній вигляд і будова всього живого були би такими ж різними, як і кількість переваг творців. Однак оскільки наш Бог – єдиний Творець, все живе на землі було створене за однаковим задумом.

Крім того, ми можемо знайти безліч інших прикладів у природі і всесвіті, які допомагають нам повірити у те, що саме Бог створив все навкруг. Як написано у Посланні до римлян 1:20: «Бо Його невидиме від створення світу, власне Його вічна сила й Божество, думанням про твори стає видиме. Так що нема їм виправдання». Тож Бог задумав і створив все таким чином, щоби істину про Його існування неможливо було відкинути або спростувати.

У Книзі пророка Авакума 2:18-19 Бог говорить нам: «Який дасть пожиток бовван, що його вирізьбив творець його, і відлив, і вчитель неправди, що творець його мав охоту чинити богів цих німих? Горе тому, хто дереву каже: Збудись, мовчазливому каменю: Зрушся! Чи він буде навчати? Ось він сріблом та золотом викладений, але жодного духу в ньому нема!» Якщо хтось із вас поклонявся ідолам або вірив у них, не знаючи Бога, ви повинні щиро покаятися у своїх гріхах, розкривши своє серце.

Свідчення Біблії, за допомогою яких ми можемо повірити в Бога-Творця

Навкруг нас є багато людей, які не можуть повірити в Бога, незалежно від незліченної кількості доказів, які вони бачать навкруг. Тому через прояв Своєї сили, Бог явив нам видимі і незаперечні докази Свого існування. За допомогою чудес, які людина вчинити не може, Бог дозволив людству повірити у Своє існування і дивовижну дію.

У Біблії є багато захоплюючих прикладів прояву Божої сили. Червоне море розділилося навпіл, сонце завмерло на місці або рухалося у зворотньому напрямку, а з неба зійшов вогонь. Гірка вода у пустелі перетворилася на солодку питну воду, яка лилася прямо з каменя. Мертві воскресали, хворі зцілялися і на перший погляд програні битви були виграні.

Якщо люди вірять у всемогутнього Бога і звертаються до Нього, вони відчувають неймовірну дію Його сили. Тому Бог записав у Біблії багато прикладів прояву Своєї сили, і благословив нас вірити.

Однак дія Його сили відображена не лише в Біблії. Через те, що Бог – незмінний, завдяки незчисленним ознакам, дивам і роботі Його сили Він являє сьогодні Свою силу через істинних віруючих по всьому світові. Він обіцяв нам. В Євангелії від Марка 9:23 Ісус запевнив нас: «Щодо того твого коли можеш, то тому, хто вірує, все можливе!» В Євангелії від Марка 16:17-18 Господь нагадує: «А тих, хто ввірує, супроводити будуть ознаки такі: у Ім'я Моє демонів будуть вигонити, говоритимуть мовами новими, братимуть змій; а коли смертодійне що вип'ють, не буде їм шкодити; кластимуть руки на хворих, і добре їм буде!»

Сила Бога, яка явилася у Центральній Церкві Манмін

Церков, де я служу старшим пастором, Центральна Церква Манмін, неодноразово являла дію сили Бога-Творця, намагаючись поширити Євангеліє до

«Я дуже вдячний,
що ти спас моє життя...
Я думав, що ходитиму на милицях
все своє життя...

Тепер я можу ходити...
Отче, Отче, дякую Тобі!»

Дияконіса Джоанна Парк,
яка довгий час мала фізичні вади,
після молитви
відкидає милиці і ходить

найвіддаленіших куточків світу. Від заснування у 1982 році і до сьогодні Церква Манмін навернула незліченну кількість людей на шлях спасіння за допомогою сили Бога-Творця. Найвизначніша робота Його сили – зцілення хвороб і недуг. Багато людей, які мали «невиліковні» хвороби включаючи рак, туберкульоз, параліч, церебральний параліч, грижу, артрит, лейкемію та подібні, одужали. Демони були вигнані, кульгаві стали на ноги, почали ходити і бігати, паралізовані, що стали такими після різних нещасливих випадків, удоровилися. До того ж, одразу ж після молитви, люди, які страждали від страшних опіків, зцілювалися, так що на їхньому тілі не залишалося жодних рубців. Інші, чиї тіла стали негнучкими, хто вже втратив контроль над своїм тілом через крововилив у мозок, отруєння газом, відновлювалися і одужували у ту ж мить. Люди, які перестали дихати, після молитви поверталися до життя.

Багато інших, які не могли мати дітей на протязі п'яти, семи, десяти і навіть двадцяти років подружнього життя, після молитви отримали благословення зачати дитину. Незліченна кількість людей, які не могли чути, бачити і

«Я дуже хочу потрапити до Тебе,
Отче, але що станеться з тими, кого
коли я піду від них?
Господь, якщо Ти даси мені нове життя,
Я присвячу його Тобі...»

До старійшини Мункі Кім,
який раптово сильно ослаб
внаслідок церебрального паралічу,
повернулася свідомість, і він зміг встати на ноги
після молитви Джерок Лі

говорити, велично прославили Бога після повернення цих здібностей після молитви.

Незважаючи на те, що медицина з кожним роком, століттям робить гігантські стрибки, відмерлі нервові закінчення не можуть відновитися, і вроджена сліпота і глухота не вилікується. Проте всемогутній Бог може зробити будь-що. Наприклад, створити щось із нічого.

Я особисто відчув силу всемогутнього Бога. Перед тим, як повірити в Бога, на протязі семи років я перебував на порозі смерті. Я був повністю хворий, окрім очей, за що отримав прізвисько «універмаг хвороб». Я безуспішно намагався вилікуватися за допомогою східної та західної медицини, медицини прокажених, всіма можливими травами, приймав жовчні міхури ведмедів і собак, лікувався стоногами та навіть сечею. Протягом тих болісних семи років я робив все можливе, але не міг одужати. Навесні 1974 року, перебуваючи у великому розпачі, я отримав неймовірний досвід. У ту ж мить, коли я зустрів Бога, Він зцілив мене від усіх хвороб і недуг. З того часу Бог завжди захищав мене, так що я ніколи не хворів. Навіть коли я відчував якийсь дискомфорт у деяких частинах тіла, після молитви з вірою у ту ж мить одужував.

Мені відомо, що окрім мене і моїх рідних, багато членів Церкви Манмін щиро вірять у всемогутнього Бога, а отже вони завжди мають гарний фізичний стан здоров'я і не залежать від медицини. Дякуючи милості Бога-Лікаря багато людей, котрі одужали, зараз служать церкві як вірні служителі Бога, старші, диякони, дияконіси і робітники.

Сила Бога безмежна щодо зцілення хвороб і недугів. Оскільки церква була заснована у 1982 році, багато членів Церкви Манмін були свідками незліченних прикладів, коли молитва віри у Божу силу управляла погодою: зупиняла сильні дощі, захищала членів Церкви Манмін хмарами у пекучий сонячний день, зупиняла тайфуни або змушувала їх змінити напрямок. Наприклад, кожен рік у липні і серпні проходять загальноцерковні літні вечірні служби. Навіть коли інша частина Південної Кореї потерпає від збитків, спричинених тайфунами і повенями, місця у тій частині країни, де проходять вечірні служби, часто залишаються незайманими зливами та іншими стихійними лихами. Багато членів Церкви Манмін також постійно бачили веселки навіть у дні, коли не падав дощ.

Це ще дивовижніший аспект Божої сили. Дія Його сили проявляється навіть тоді, коли я не молюся безпосередньо за хворих людей. Безліч людей велично прославили Бога після того, як отримали зцілення і благословення через «Молитву за хворих» всієї громади з кафедри, і «Молитву», записану на касетну плівку, передану по Інтернету, а також на автоматичні приймачі телефонних повідомлень.

Крім того, у Книзі Дії 19:11-12 ми читаємо: «І Бог чуда чинив надзвичайні руками Павловими, так що навіть хустки й пояси з його тіла приносили хворим, і хвороби їх кидали, і духи лукаві виходили з них». Також через хустки, над якими я молився, являлася дивовижна дія Божої сили.

До того ж, коли я накладаю руки на фотографії хворих і молюся за тих людей, по всьому світові відбуваються зцілення, які переступають межі часу і простору. Тому під час проведення закордонних кампаній, будь-які хвороби і недуги, включаючи смертельно небезпечний СНІД, виліковуються у ту ж мить силою Бога, Який долає межі часу і простору.

Відчути силу Бога

Чи означає це, що будь-яка людина, яка вірить у Бога, може відчути вражаючу дію Його сили, отримати відповіді і благословення? Багато людей відкрито визнають свою віру в Бога, але не всі вони відчувають цю силу. Ви можете відчути Його силу тільки якщо ваша віра в Бога фактично проявляється у дії, і коли Бог стверджує: «Я знаю, що ти віриш у Мене».

Бог вважатиме за прояв «віри» прості факти: людина слухає чиюсь молитву і починає відвідувати богослужіння. Однак для того, щоб отримати істинну віру, через яку ви можете отримати зцілення і відповіді, ви повинні чути Бога і знати, Хто Він такий, чому Ісус – наш Спаситель, знати про існування небес і пекла. Коли ви це зрозумієте, покаєтеся у своїх гріхах, приймете Ісуса як вашого Спасителя, і отримаєте Святого Духа, ви матимете право вважатися дитям Божим. Це перший крок на шляху до істинної віри.

Люди, які мають істинну віру, являтимуть діла, які свідчать про таку віру. Бог побачить діла віри і відповідність на бажання їхнього серця. Ті, хто відчуває дію Божої сили, демонструють Йому докази віри і отримують схвалення від Нього.

Догодити Богові ділами віри

Ось декілька прикладів із Біблії. Перший – із 2 Книги царів 5, історія про Наамана, начальника війська сирійського царя. Нааман відчув на собі дію Божої сили після того, як він явив свою віру, послухавшись пророка Єлисея, через якого говорив Бог.

Нааман, досвідчений полководець сирійського царства, був хворий на проказу. Він відвідав Єлисея, про якого говорили, що він творить дива. Однак коли Нааман, впливовий і знаменитий полководець, прийшов до Єлисея з великою кількістю золота, срібла і одягу, пророк лише послав до нього посла, через якого сказав: «Іди, і вимиєшся сім раз у Йордані».

По-перше, Нааман помітно розгнівався, тому що не отримав лікування від пророка. До того ж, замість молитви Єлисея за Наамана, йому було запропоновано вимитися в

Йордані. Проте скоро Нааман передумав і скорився. Незважаючи на те, що йому не сподобалися слова Єлисея, та він не погоджувався з його думками, Нааману довелося принаймні спробувати послухатися Божого пророка.

Коли Нааман вимився шість разів у Йордані, жодних явних змін не сталося. Однак коли Нааман вимився у Йордані сім разів, його тіло відновилося, стало чистим як тіло малого хлопця (вірш 14).

З духовної точки зору «вода» означає Боже Слово. Той факт, що Нааман занурився у Йордан означає, що за Словом Божим він очистився від своїх гріхів. Крім того, число «7» означає досконалість. Отже той факт, що Нааман занурився у Йордан «сім разів» означає, що полководець отримав абсолютне прощення.

До того ж, якщо ми бажаємо отримати відповіді від Бога, ми спершу повинні щиро покаятися в усіх своїх гріхах, як зробив Нааман. Однак покаяння не закінчується лише на тому, щоби сказати: «Я розкаююсь. Я вчинив неправильно». Вам слід «розідрати своє серце» (Книга пророка Йоіла 2:13). Крім того, коли ви щиро покаєтеся у своїх гріхах, ви повинні прийняти рішення ніколи не чинити той самий гріх знову. Тільки коли стіна гріха між вами і Богом буде зруйнована, щастя поллється із середини, проблеми вирішаться, і бажання вашого серця здійсняться.

По-друге, із 1 Книги царів 3 ми дізнаємося про царя Соломона, який приносив тисячі жертвоприношень Богу. Через ці жертвоприношення Соломон явив діла віри, щоби отримати відповіді від Бога. І внаслідок цього він отримав від Бога нівіть більше, ніж що просив.

Соломон мав бути дуже відданим, щоби приносити тисячу жертвоприношень. Для кожного жертвоприношення цар мав здобути тварин і приготувати їх. Чи можете ви уявити, скільки часу, зусиль і грошей могла коштувати тисяча жертвоприношень? Така відданість, яку явив Соломон, була б неможливою, якби цар не вірив в живого Бога.

Коли Бог побачив відданість Соломона, Він дав йому не лише мудрість, яку прагнув мати цар, але й багатства і славу, так що за життя Соломона не було йому рівного серед царів.

Нарешті, в Євангелії від Матвія записана історія про жінку-хананеянку з земель тирських і сидонських, чию доньку тяжко мучив демон. Вона прийшла до Ісуса зі скромним і щирим серцем, попросила Його про зцілення, а наприкінці отримала відповідь. Її бажання здійснилося. Однак коли жінка щиро благала Ісуса, Він спочатку не сказав: «Добре, твоя дочка одужала». Замість цього він сказав жінці: «Не годиться взяти хліб у дітей, і кинути щенятам...» (вірш 26). Він порівняв жінку з собакою. Якби у жінки не було віри, вона б дуже збентежилася, або розгнівалася. Однак жінка мала віру, котра допомогла їй отримати відповідь від Ісуса. Вона не перелякалася та не розчарувалася. Навпаки, вона з більшою покорою йшла поруч з Ісусом. Вона відказала: «Так, Господи! Але ж і щенята їдять ті крихти, що спадають зо столу їхніх панів». Ісус був дуже задоволений вірою жінки і у ту ж мить зцілив її одержиму доньку.

Так і ми, бажаючи отримати зцілення і відповіді, повинні продемонструвати свою абсолютну віру. До того ж, якщо ви маєте віру, завдяки якій ви можете отримати відповіді від Бога, ви повинні прийти до Нього.

Звичайно, оскільки в Центральній Церкві Манмін явно видно силу Бога, зцілення можливо отримати через хустку, над якою я помолився, або через фотографії. Однак якщо людина тяжко хвора, у критичному стані або знаходиться за кордоном, вона повинна особисто постати перед Богом. Людина може відчути силу лише після того, як почує Його Слово і отримає віру. До того ж, якщо людина психічно відстала або біснувата, а отже не може прийти до Бога маючи свою власну віру, тоді так само, як у випадку з донькою жінки-хананеянки, її батьки або родичі повинні звернутися до Бога від її імені з любов'ю і вірою.

Крім того, існує ще багато доказів віри. Наприклад, на обличчі людини, яка отримала віру, завдяки якій вона може отримувати відповіді, завжди видно щастя і вдячність. В Євангелії від Марка 11:24 Ісус говорить: «Усе, чого ви в молитві попросите, вірте, що одержите, і сповниться вам». Маючи істинну віру, ви завжди будете задоволеними і вдячними. До того ж, якщо ви сповідуєте свою віру в Бога, ви будете покірними і житимете за Його Словом. Оскільки Бог – це світло, ви будете намагатися ходити у світлі і змінюватися.

Бог втішається нашими ділами і відповідає на бажання

нашого серця. Чи маєте ви таку віру і таку її міру, яку схвалює Бог?

У Посланні до євреїв 11:6 нам нагадується: «Догодити ж без віри не можна. І той, хто до Бога приходить, мусить вірувати, що Він є, а тим, хто шукає Його, Він дає нагороду».

В ім'я Господа нашого Ісуса Христа я молюся про те, щоби кожен з вас догоджав Богові, відчував Його силу і вів благословенне життя, правильно розумів, що значить вірити в Бога, і проявляв свою віру у Нього!

Послання 2
Вірити в Господа

Послання до євреїв 12:1-2

Тож і ми, мавши навколо себе
велику таку хмару свідків,
скиньмо всякий тягар та гріх,
що обплутує нас,
та й біжім з терпеливістю до боротьби,
яка перед нами,
дивлячись на Ісуса,
на Начальника й Виконавця віри,
що замість радости, яка була перед Ним, перетерпів хреста,
не звертавши уваги на сором,
і сів по правиці престолу Божого

Багато людей у наш час чули ім'я «Ісус Христос». Однак дуже багато людей не знають, чому Ісус – Єдиний Спаситель людства, або чому ми отримаємо спасіння лише тоді, коли повіримо в Ісуса Христа. Найгірше те, що є деякі християни, котрі не можуть відповісти на запитання, поставлені вище, хоча мають безпосереднє відношення до спасіння. Це означає що такі християни проводять своє життя у Христі без повного розуміння духовного змісту цих питань.

Отже тільки коли ми дійсно знаємо і правильно розуміємо, чому Ісус – наш Єдиний Спаситель, що значить прийняти Його і повірити у Нього, мати істинну віру, ми можемо відчути силу Бога.

Деякі люди просто вважають Ісуса одним з чотирьох великих святих. Інші думають, що Він – лише засновник християнства або дуже хороший чоловік, який зробив дуже багато доброго під час свого життя.

Проте ми, ставши дітьми Бога, повинні бути здатними визнати Ісуса Спасителем людства, Котрий визволив всіх людей від гріха. Яким чином ми можемо порівняти Єдиного

Сина Божого, Ісуса Христа, з людьми, простими створіннями? Ми дізнаємося про те, що навіть у часи Ісуса існували різні погляди щодо ролі Ісуса в історії людства.

Син Бога–Творця, Спаситель

В Євангелії від Матвія 16 описаний епізод, коли Ісус питає Своїх учнів: «За кого народ уважає Мене, Сина Людського?» (вірш 13). Цитуючи відповіді різних людей, учні відповіли: «Одні за Івана Христителя, одні за Іллю, інші ж за Єремію або за одного з пророків» (вірш 14). Тоді Ісус запитав Своїх учнів: «А ви за кого Мене маєте?» (вірш 15). Коли Петро відповів: «Ти Христос, Син Бога Живого!» (вірш 16), Ісус похвалив Його: «Блаженний ти, Симоне, сину Йонин, бо не тіло і кров тобі оце виявили, але Мій Небесний Отець» (вірш 17). Через незчисленну дію Божої сили Ісус ясно показав, що Петро був упевнений у тому, що Він був Сином Бога-Творця, Христом – Спасителем людства.

Спочатку Бог створив чоловіка з пороху земного за

Своєю власною подобою і поселив його в еденському раю. Там росло дерево знання добра і зла, і Бог наказав Адаму: «Із кожного дерева в Раю ти можеш їсти. Але з дерева знання добра й зла не їж від нього, бо в день їди твоєї від нього ти напевно помреш!» (Книга Буття 2:16-17).

Пройшло багато часу, першого чоловіка Адама і першу жінку Єву спокусив змій, якого підбурив сатана, і вони порушили Божий наказ. Зрештою вони з'їли з дерева знання добра і зла і були вигнані з еденського раю. Внаслідок їхніх вчинків нащадки Адама і Єви успадкували їхню гріховну природу. Крім того, як сказав Бог Адамові, що він неодмінно помре, всі душі його нащадків матимуть вічну смерть.

Тому перед початком часів Бог приготував шлях спасіння – Сина Бога-Творця, Ісуса Христа. У Книзі Дії 4:12 написано: «І нема ні в кім іншім спасіння. Бо під небом нема іншого Ймення, даного людям, що ним би спастися ми мали». Окрім Ісуса Христа більш ніхто в історії не був Спасителем людства.

Провидіння Бога, яке було приховане до початку часів

У 1 Посланні до коринтян 2:6-7 написано: «А ми говоримо про мудрість між досконалими, але мудрість не віку цього, ані володарів цього віку, що гинуть, але ми говоримо Божу мудрість у таємниці, приховану, яку Бог перед віками призначив нам на славу, яку ніхто з володарів цього віку не пізнав». 1 Послання до коринтян 2:8-9 продовжує нагадувати нам: «Коли б бо пізнали були, то не розп'яли б вони Господа слави! Але, як написано: Чого око не бачило й вухо не чуло, і що на серце людині не впало, те Бог приготував був тим, хто любить Його!» Ми повинні розуміти, що шлях спасіння, котрий Бог приготував для людства ще до початку часів, -- це шлях хресної смерті Ісуса Христа, і у цьому проявилася Божа мудрість, яка до того була прихована.

Як Творець Бог завжди керує усім у всесвіті і управляє історією людства. Король або президент керує країною відповідно до закону держави; генеральний директор корпорації управляє своєю компанію відповідно до статуту;

а голова родини керує своєю сім'єю відповідно до правил, встановлених у родині. Так само незважаючи на те, що Бог – Господар всього у всесвіті, Він завжди управляє всім відповідно до закону духовного царства, який записаний у Біблії.

Відповідно до закону духовного царства існує правило: «Заплата за гріх смерть» (Послання до римлян 6:23), згідно якого караються винні; а також існує правило, яке може звільнити нас від наших гріхів. Тому Бог застосував правило, щоби звільнити нас від наших гріхів, щоби відновити авторитет, який був втрачений після непокори Адама.

Яким же було правило для викуплення людства та для відновлення авторитету, котрий перша людина Адам передав до рук ворога-диявола. Відповідно до «закону викупу землі» Бог приготував шлях спасіння для людства ще до початку часів.

Повноваження Ісуса Христа щодо закону викупу землі

Бог дав ізраїльтянам «закон викупу землі», котрий вимагає: «Земля не буде продаватися назавжди; і коли брат збідніє і продасть свою землю, його найближчий родич або він сам повинен викупити землю, таким чином відновивши право власності на землю» (Книга Левит 25:23-28).

Богові було відомо заздалегідь, що Адам, вчинивши непокору, передасть дияволові право володіння, отримане ним від Бога. Крім того, як істинний і справжній Володар всього у всесвіті, Бог передав дияволові владу і славу, котру колись мав Адам, як то вимагалося законом духовного царства. Тому коли диявол спокусив Ісуса, про що записано в Євангелії від Луки 4, показавши Йому царства всього світу, він міг сказати Ісусові: «Я дам Тобі всю оцю владу та їхню славу, бо мені це передане, і я даю, кому хочу, її» (Євангеліє від Луки 4:6).

Відповідно до закону викупу землі всі землі належать Богові. Таким чином, людина ніколи не зможе продати їх назавжди, і коли з'явиться особа, яка має належну характеристику, продані землі повинні бути повернені тій особі. Також все у всесвіті належить Богові, тож Адам не міг «продати» нічого назавжди, так само диявол не міг завжди користуватися цим. Тому коли з'явилася людина, яка мала досить можливості врятувати втрачену владу Адама, ворог-диявол не міг більше нічого зробити окрім як поступитися тією владою, яку він отримав від Адама.

Ще до початку часів справедливий Бог приготував безгрішного чоловіка, який мав право викупу за законом викупу землі. Таким шляхом спасіння для людства є Ісус Христос.

Тоді яким чином за законом викупу землі Ісус Христос міг відновити владу, яка була передана ворогу-дияволу? Тільки коли Ісус почав відповідати наступним чотирьом кваліфікаційним вимогам, Він зміг викупити всіх людей від гріхів і відновити владу, яка була передана ворогу-дияволу.

По-перше, викупник повинен бути чоловіком, «найближчим родичем» Адама.

У Книзі Левит 25:25 написано: «Коли збідніє твій брат, і продасть із своєї посілости, то прийде викупник його, близький йому, і викупить продаж брата свого». Оскільки землю міг викупити «найближчий родич», для того, щоби відновити авторитет, яким поступився Адам, цей «найближчий родич» повинен бути чоловіком. У 1 Посланні до Коринтян 15:21-22 написано: «Смерть бо через людину, і через Людину воскресення мертвих. Бо так, як в Адамі вмирають усі, так само в Христі всі оживуть». Інакше кажучи, як смерть увійшла через непокору однієї людини, так і воскресіння мертвого духу повинно відбутися через одну людину.

Ісус Христос – Слово, яке «сталося тілом», прийшов на цю землю (Євангеліє від Івана 1:14). Він – Син Божий, народився у тілі, мав божественну і людську природу. До того ж, Його народження – історичний факт. На підтвердження цього факту існує багато свідчень. Найважливішим фактом є те, що історія людства позначається літерами "B.C." -- «до н. е.», тобто до народження Христа, і "A.D.", «нова єра» по-латинському, що означає «відколи жив наш Господь».

Відколи Ісус Христос прийшов у цей світ у тілі, Він є «найближчим родичем» Адама і відповідає першій кваліфікаційній вимозі.

По-друге, викупник не повинен бути нащадком Адама.

Людина, яка має викупити всіх від гріхів, не повинна бути грішною. Всі нащадки Адама, котрий сам став грішником через непокору, -- теж грішники. Тому за законом викупу землі викупник не повинен бути нащадком Адама.

У Книзі Об'явлення 5:1-3 написано:

І я бачив в правиці Того, Хто сидить на престолі, книгу, написану всередині й назовні, і запечатану сімома печатками. І бачив я потужного Ангола, який гучним голосом кликав: Хто гідний розгорнути книгу, і зламати печатки її? І не міг ніхто ні на небі, ні на землі, ані під землею розгорнути книги, ані навіть зазирнути в неї.

Тут книга «запечатана сімома печатками» означає договір, укладений між Богом і дияволом після акту непокори Адама, і Той, «Хто гідний розгорнути книгу і зламати печатки її», повинен мати характеристики згідно закону викупу землі. Коли апостол Іван озирнувся навкруги, щоби знайти того, хто міг відкрити книгу і зламати печатки, він не зміг знайти жодного.

Іван подивився вгору, на небеса, і там побачив ангелів, але не людей. Він подивився на землю і побачив лише нащадків Адама, котрі всі були грішниками. Він подивився під землю, і побачив лише грішників, приречених бути у пеклі, та істот, які належать дияволові. Іван гірко плакав, бо жоден не був гідним, відповідно до закону викупу землі (вірш 4).

Тоді один із старців заспокоїв Івана, промовивши: «Не плач! Ось Лев, що з племени Юдиного, корень Давидів, переміг так, що може розгорнути книгу, і зламати сім печаток її» (вірш 5). Тут «Лев, що з племени Юдиного, корень Давидів» означає Ісуса, Котрий походить від племени Юди, з родини Давида; Ісус Христос має право бути викупником відповідно до закону викупу землі.

З Євангелія від Матвія 1:18-21 ми детально дізнаємося про народження нашого Господа:

Народження ж Ісуса Христа сталося так. Коли Його матір Марію заручено з Йосипом, то перш, ніж зійшлися вони, виявилося, що вона має в утробі від Духа Святого. А Йосип, муж її, бувши праведний, і не бажавши ославити її, хотів тайкома відпустити її. Коли ж він те подумав, ось з'явивсь йому Ангол Господній у сні, промовляючи: Йосипе, сину Давидів, не бійся прийняти Марію, дружину свою, бо зачате в ній то від Духа Святого. І вона вродить Сина, ти ж даси Йому ймення Ісус, бо спасе Він людей Своїх від їхніх гріхів.

Чому Єдиний Син Бога, Ісус Христос, прийшов у цей світ у тілі (Євангеліє від Івана 1:14), зародившись у лоні Діви Марії? Тому що Ісус мав бути людиною, але не нащадком Адама, щоби мати право викупу за законом викупу землі.

По-третє, викупник повинен мати повноваження.

Припустимо, молодший брат збіднів і продає свою землю, а його старший брат бажає викупити землю свого молодшого брата. Тоді старший брат повинен мати достатньо коштів для викупу (Книга Левит 25:26). Так само, якщо молодший брат має великий борг, а його старший брат бажає відплатити борг за нього, він може це зробити, якщо має «достатньо коштів», але не просто добрі наміри.

До того ж, щоб перетворити грішника на праведника необхідно мати «достатньо коштів» або повноваження. Тут повноваження для викупу землі означають повноваження для викупу всіх людей від гріха. Інакше кажучи викупник всіх людей, який має на це право відповідно до закону викупу землі, повинен бути безгрішним.

Оскільки Ісус Христос не є нащадком Адама, Він не має первородного гріха. Ісус Христос також ніколи не вчиняв гріх, бо Він дотримувався закону до 33 років Свого життя на землі. Він був обрізаний на восьмий день після народження і до Свого трирічного служіння Ісус в усьому слухався, дуже любив Своїх батьків і віддано виконував всі заповіді.

Тому у Посланні до євреїв 7:26 написано: «Отакий бо потрібний нам Первосвященик: святий, незлобивий, невинний, відлучений від грішників, що вищий над небеса». У 1 Посланні Петра 2:22-23 ми читаємо: «Не вчинив Він гріха, і не знайшлося в устах Його підступу! Коли був лихословлений, Він не лихословив взаємно, а коли Він страждав, не погрожував, але передав Тому, Хто судить справедливо».

По-четверте, викупник повинен мати любов.

Для здійснення викупу землі окрім трьох характеристик, описаних вище, викупник повинен мати любов. Без любові старший брат, котрий може викупити землю свого молодшого брата, не викупить її. Навіть якщо старший брат буде найбагатшим чоловіком на землі, а його молодший брат матиме астрономічний борг, без любові старший брат не зможе допомогти молодшому братові. Як старший брат допоможе молодшому своєю силою і багатством?

У Книзі Рут 4 записана історія Боаза, якому були добре відомі умови життя свекрухи Рут -- Ноомі. Коли Боаз попросив «родича-викупника» викупити спадщину Ноомі, родич відповів: «Не можу я викупити собі, щоб не понищити свого наділу. Викупи собі мого викупа, бо я не можу викупити» (вірш 6). Потім Боаз у своїй щирій любові викупив землю Ноомі. Після того Боаз отримав велике благословення стати нащадком Давида.

Ісус, Який прийшов у цей світ у тілі, не був нащадком

Адама, бо Він був зачатий Святим Духом, і не вчинив жодного гріха. Отже Ісус мав «достатньо коштів», щоби викупити нас. Проте якщо Ісус не мав би любові, Він би не терпів фізичні страждання на хресті. Однак Ісус настільки був сповнений любов'ю, що Він був розіп'ятий простими створіннями, пролив Свою кров і викупив людство, таким чином відкривши шлях спасіння. Це результат величезної любові нашого Бога-Отця і жертва Ісуса, Котрий був покірним до смерті.

Чому Ісуса повісили на дереві

Чому Ісуса повісили на дерев'яному хресті? Щоби виконати закон духовного царства, котрий говорить: «Христос відкупив нас від прокляття Закону, ставши прокляттям за нас, бо написано: Проклятий усякий, хто висить на дереві» (Послання до галатів 3:13). Ісуса повісили на дерево замість нас, щоби Він міг викупити нас, грішників, від «прокляття закону».

У Книзі Левит 17:11 читаємо: «Бо душа тіла в крові вона,

а Я дав її для вас на жертівника для очищення за душі ваші, бо кров та вона очищує душу». У Посланні до євреїв 9:22 написано: «І майже все за Законом кров'ю очищується, а без пролиття крови немає відпущення». Кров – це життя, бо без пролиття крові «немає відпущення». Ісус пролив Свою безгрішну дорогоцінну кров, щоби ми мали життя.

Крім того, через Його страждання на хресті віруючі звільнилися від прокляття хворобами, недугами, бідністю та інших. Оскільки Ісус жив у бідності на землі, Він потурбувався про нас. Ісуса били, тож ми тепер вільні від усіх своїх хвороб. Оскільки Ісус носив терновий вінок, Він викупив нас від гріхів, котрі ми вчинили у своїх думках. Оскільки ноги і руки Ісуса були пробиті цвяхами, Він викупив нас від усіх гріхів, котрі ми вчинили своїми руками і ногами.

Вірити в Господа означає перетворитися в істині

Люди, які щиро розуміють провидіння хреста і вірять у це всім серцем, звільняться від гріхів і житимуть за волею

Бога. Як Ісус говорить нам в Євангелії від Івана 14:23: «Як хто любить Мене, той слово Моє берегтиме, і Отець Мій полюбить його, і Ми прийдемо до нього, і оселю закладемо в нього». Такі люди отримають Божу любов і благословення.

Тож чому люди, які сповідують свою віру в Господа, не отримують відповіді на свої молитви і живуть посеред випробувань і бід? Тому що навіть якщо вони говорять, що вірять в Бога, Бог не вважає їхню віру істинною. Це означає, що незважаючи на те що вони чули Слово Боже, вони ще не звільнилися від своїх гріхів і не стали праведниками.

Наприклад, існує багато віруючих, котрі не змогли повірити у Десять Заповідей, основу життя Христа. Таким особам відома заповідь: «Пам'ятай день суботній, щоби святити його!» Однак вони лише відвідують ранкову службу або зовсім не приходять на служіння, виконують свою власну роботу в день Господень. Їм відомо, що вони мають віддавати десятину, але через те що це надто великі суми для них, вони не можуть віддати десяту частину повністю. Бог конкретно сказав нам, якщо ми не віддаємо десятину Йому, ми «обкрадаємо» Його. Тож як ми зможемо отримати відповіді і благословення (Книга Малахії 3:8)?

Крім того, є такі віруючі, котрі не прощають помилки і провини інших людей. Вони сердяться і вигадують плани, як їм відплатити такою ж мірою. Деякі обіцяють, але часто порушують свої обіцянки, інші звинувачують і скаржаться так само як мирські люди. Чи можна сказати, що вони мають істинну віру?

Якщо ми маємо істинну віру, ми повинні намагатися робити все за волею Бога, уникати будь-якого зла і намагатися бути схожими на нашого Господа, Котрий відмовився від Власного життя за нас, грішників. Такі люди можуть простити і любити тих, котрі ненавидять їх і шкодять їм, завжди служать іншим і приносять себе в жертву заради них.

Коли ви позбавитесь запального характеру, ви перетворитеся на добру людину, чиї вуста будуть вимовляти лише люб'язні і теплі слова. Якщо ви раніше завжди скаржилися, ви будете дякувати за всіх обставин і ділитися ласкою з усіма оточуючими, маючи істинну віру.

Якщо ми дійсно повірили в Господа, кожен з нас повинен бути схожим на Нього, і наше життя має змінитися. Так ми будемо отримувати Божі відповіді і благословення.

У Посланні до євреїв 12:1-2 написано:

Тож і ми, мавши навколо себе велику таку хмару свідків, скиньмо всякий тягар та гріх, що обплутує нас, та й біжім з терпеливістю до боротьби, яка перед нами, дивлячись на Ісуса, на Начальника й Виконавця віри, що замість радости, яка була перед Ним, перетерпів хреста, не звертавши уваги на сором, і сів по правиці престолу Божого.

Крім багатьох прабатьків віри, про яких ми читаємо в Біблії, серед тих, хто оточує нас, є багато людей, котрі отримали спасіння і благословення, віруючи в нашого Господа.

Давайте володіти істинною вірою, як «велика хмара свідків»! Давайте відкинемо всі перешкоди і гріхи, що так легко втягують у пастку, і намагатимемось бути схожими на нашого Господа! Тільки тоді кожен з нас матиме життя, сповнене Його відповідями і благословеннями, як обіцяє Ісус в Євангелії від Івана 15:7: «Коли ж у Мені перебувати ви будете, а слова Мої позостануться в вас, то просіть, чого хочете, і станеться вам!»

Якщо ви досі не маєте цього, озирніться на своє життя, розкрийте своє серце і покайтеся у тому, що ви неправильно вірили в Господа, і прийміть рішення жити лише за Словом Божим.

В ім'я Господа нашого Ісуса Христа я молюся про те, щоби кожен з вас отримав істинну віру, відчув дію Божої сили і велично прославив Його свідченням про ваші відповіді і благословення!

Послання 3
Посуд, прекрасніший, ніж коштовне каміння

2 Послання до Тимофія 2:20-21

А в великому домі
знаходиться посуд не тільки золотий та срібний,
але й дерев'яний та глиняний,
і одні посудини на честь, а другі на нечесть.
Отож, хто від цього очистить себе, буде посуд на честь,
освячений, потрібний Володареві,
приготований на всяке добре діло

Бог створив людство таким чином, щоби мати можливість пожати у якості плодів істинних дітей, з якими Він міг би поділитися Своєю любов'ю. Проте люди зогрішили і віддалилися від справжнього призначення свого створіння, стали рабами ворога, сатани і диявола (Послання до римлян 3:23). Однак Бог любові не залишив мету пожати істинних дітей. Він відкрив шлях спасіння для людей, котрі потонули у гріхах. Бог послав Свого єдиного Сина Ісуса Христа на хресну смерть, щоби Він міг викупити всіх людей від гріха.

Цією дивною любов'ю та великою жертвою за всіх, хто вірить в Ісуса Христа, був відкритий шлях спасіння. Для всіх, хто вірить у своєму серці, що Ісус помер і воскрес із мертвих, хто сповідує своїми вустами, що Ісус – Спаситель, той має право бути дитям Божим.

Улюблені діти Божі подібні до «посудин»

У 2 Посланні до Тимофія 2:20-21 написано: «А в

великому домі знаходиться посуд не тільки золотий та срібний, але й дерев'яний та глиняний, і одні посудини на честь, а другі на нечесть. Отож, хто від цього очистить себе, буде посуд на честь, освячений, потрібний Володареві, приготований на всяке добре діло». Посуд призначений для зберігання предметів. Бог порівнює Своїх дітей з «посудинами», бо Він може наповнити їх Своєю любов'ю і милістю і словом, котре є істиною, а також Його силою і авторитетом. Отже ми повинні розуміти, що в залежності від того, як ми підготуємо свої посудини, ми можемо насолоджуватися будь-якими добрими дарами і благословеннями, які підготував для нас Бог.

Тоді яким посудом є людина, яка може вмістити всі благословення, котрі приготував Бог? Такий посуд Бог вважає дорогоцінним, благородним і прекрасним.

По-перше, «дорогоцінним» посудом є така людина, яка повністю виконує Богом даний обов'язок. До цієї категорії належать Іван Христитель, котрий приготував шлях для нашого Господа Ісуса, і Мойсей, котрий вивів народ Ізраїлю з Єгипту.

Далі, «благородним» посудом називається така людина, яка має такі якості як чесність, правдивість, твердість і відданість. Всі ці якості виняткові для звичайної людини. До цієї категорії людей належать Йосип і Даниїл, котрі займали посаду, подібну до посади прем'єр-міністра могутніх країн, і велично прославляли Бога.

І останнє. «Прекрасним» посудом в очах Бога є людина, яка має добре серце, ніколи не свариться та не сперечається, але в істині приймає і зносить усе. Естер, котра врятувала своїх співвітчизників, і Авраам, котрого називають «другом» Бога, належать до цієї категорії.

«Посуд, прекрасніший, ніж коштовне каміння» -- це людина, яка має такі якості, які з точки зору Бога роблять її дорогоцінною, благородною і прекрасною. Поміж гравію можна легко помітити коштовний камінь. Так само без сумніву легко помітити всіх Божих людей, прекрасніших, ніж коштовне каміння.

Більшість коштовних каменів мають велику ціну через свій розмір, але ж їхній блиск і відмінні кольори приваблюють людей у їхньому прагненні до прекрасного. Однак не всі блискучі камені виявляються коштовними. Справжні коштовні камені повинні мати гарний колір і блиск, а також матеріальну міцність. Тут «матеріальна міцність» означає здатність матеріалу витримувати високу температуру, не псуватися внаслідок контакту з іншими речовинами і зберігати форму. Іншим важливим фактором є рідкісність.

Блискучий, міцний, рідкісний посуд буде дорогоцінним, благородним і прекрасним. Бог бажає, щоби Його діти стали посудинами, прекраснішими, ніж коштовні камені, і бажає, щоби вони мали благословенне життя. Коли Бог виявляє такі посудини, Він щедро наповнює їх ознаками Своєї любові і радості.

Як ми можемо стати посудинами, прекраснішими, ніж коштовне каміння, в очах Бога?

По-перше, ви повинні освятити своє серце Словом Божим, Котре є Істина.

Для того, щоби посудина використовувалася за своїм первинним призначенням, вона перш за все повинна бути чистою. Навіть дорогою золотою посудиною неможливо користуватися, якщо вона брудна і має неприємний запах. Тільки коли ця дорога золота посудина буде вимита у воді, її можна буде використовувати за призначенням.

Таке саме правило стосується дітей Божих. Для Своїх дітей Бог приготував численні дари, благословення бути багатими і здоровими. Для того, щоби отримати ці благословення і дари, ми повинні спочатку приготувати себе як чисті посудини.

У Книзі пророка Єремії 17:9 читаємо: «Людське серце найлукавіше над все та невигойне, хто пізнає його?» Також в Євангелії від Матвія 15:18-19 Ісус говорить: «Що ж виходить із уст, те походить із серця, і воно опоганює людину. Бо з серця виходять лихі думки, душогубства, перелюби, розпуста, крадіж, неправдиві засвідчення, богозневаги». Отже лише після того, як ми очистимо свої серця, ми можемо стати чистими посудинами. Коли ми стали чистими посудинами, вже жоден з нас не матиме «лихих думок», не буде вимовляти погані слова або чинити гріх.

Очищення наших сердець можливо здійснити лише за допомогою духовної води -- Слова Божого. Тому Біблія спонукає нас у Посланні до ефесян 5:26 «освятитися, очистившися водяним купелем у слові», а також «приступити з щирим серцем, у повноті віри, окропивши серця від сумління лукавого та обмивши тіла чистою водою» (Послання до євреїв 10:22).

Тоді яким чином духовна вода – Слово Боже – очищує нас? Ми повинні коритися різним наказам, які знаходимо на сторінках шестидесяти шести книг Біблії, котрі сприяють «очищенню» наших сердець. Покоряючись таким наказам, як «Не чиніть» і «Покиньте», ми позбавимося гріхів і будь-якого зла.

Поведінка тих, хто очистив свої серця Божим Словом також зміниться і сяятиме світлом Христа. Однак покора Слову неможлива лише завдяки силі волі людини. Її повинен скеровувати Святий Дух і допомагати їй.

Коли ми чуємо і розуміємо Слово, відкриваємо своє серце і приймаємо Ісуса як свого Спасителя, Бог дає в дар Святого Духа. Святий Дух живе в людях, які прийняли Ісуса як свого Спасителя, допомагає їм почути і зрозуміти Слово Істини. Біблія говорить нам: «Що вродилося з тіла є тіло, що ж уродилося з Духа є дух» (Євангеліє від Івана 3:6). Діти Божі, котрі отримують в дар Святого Духа, можуть кожного дня позбавлятися гріха і зла силою Святого Духа, ставати духовними людьми.

Можливо, хтось із вас непокоїться: «Як я можу дотриматися всіх тих заповідей?»

У 1 Посланні Івана 5:2-3 нам нагадується: «Що ми любимо Божих дітей, дізнаємося з того, коли любимо Бога і Його заповіді додержуємо. Бо то любов Божа, щоб ми додержували Його заповіді, Його ж заповіді не тяжкі». Якщо ви любите Бога щиро усім серцем, коритися Його наказам буде неважко.

Батьки, після народження дітей слідкують за кожним їхнім кроком, вони піклуються про харчування, одяг, дотримання правил гігієни та інше. Якщо батьки доглядають не за своєю дитиною, це може бути обтяжливим. Але батькам ніколи не буде обтяжливим доглядати за власною дитиною. Навіть якщо дитина прокидається і плаче посеред ночі, батькам це не докучає; вони дуже сильно люблять свою дитину. Робити щось для коханої людини -- велика радість і щастя. Це неважко, це не дратує. Таким же чином, якщо ми щиро віримо в те, що Бог – Отець нашої душі, і у Своїй безграничній любові віддав Свого єдиного Сина на хресну смерть за нас, як же ми можемо не любити Його? До того ж, якщо ми любимо Бога, жити за Його Словом буде неважко. Навпаки, буде важко і нестерпно, якщо ми не будемо жити за Словом Божим та не будемо коритися Його волі.

Протягом семи років я страждав від різноманітних

хвороб, доки моя сестра не привела мене до Божого храму. Через отримання вогню Святого Духа і зцілення від усіх своїх хвороб у ту мить, коли я схилив свої коліна у храмі, я зустрів живого Бога. Це відбулося 17 квітня 1974 року. З того часу я почав відвідувати всі можливі богослужіння, складаючи подяку Богові за Його милість. У листопаді того ж року я відвідав перші у своєму житті Збори Духовного Відродження, де почав вивчати Його Слово, основні принципи життя у Христі:

«Ось Який Бог!»
«Я повинен позбутися всіх своїх гріхів».
«Це відбудеться, коли я повірю!»
«Я повинен кинути пити і палити».
«Я повинен постійно молитися».
«Віддавати десятину – це обов'язок,
я не повинен приходити до Бога з пустими руками».

Цілий тиждень я вбирав у себе Слово, у душі повторюючи: «Амінь!».

Після тих Зборів Духовного Відродження я кинув пити і палити, почав віддавати десятину і приносити подячні

Автор Доктор Джерок Лі

приношення. Я також почав молитися на світанку і поступово став молитовником. Я чинив саме так, чого навчився, почав читати Біблію.

Силою Бога я в одну мить зцілився від усіх своїх хвороб і недугів, жодного з яких не міг вилікувати земними засобами. Тому я міг абсолютно вірити кожному віршу, кожній главі Біблії. Оскільки у той час я був початківцем у вірі, були деякі місця в Біблії, зрозуміти які мені було важко. Однак я одразу почав коритися заповідям, котрі я міг зрозуміти. Наприклад, коли Біблія говорила мені не брехати, я у свою чергу говорив собі: «Брехня – це гріх! Біблія говорить мені, що я не повинен брехати, тож я не буду цього робити». Також я молився: «Боже, будь ласка, допоможи мені відкинути ненавмисну брехню!» Я не обманював людей, маючи при цьому злий намір, але тим не менш я тривалий час молився, щоби перестати брехати навіть ненавмисно.

Багато людей бреше, але більшість з них не усвідомлє цього. Коли вам дзвонить хтось, з ким бив і не хотіли говорити по телефону, чи не просили ви безтурботно своїх дітей, колег або друзів: «Не кажіть, що я тут»? Багато людей обманюють, бажаючи бути «тактовними». Такі люди брешуть коли, наприклад, у гостях їх питають, чи не бажають вони поїсти чогось або випити. Хоча вони нічого не їли і хочуть пити, гості, які не хочуть бути «обтяжливими», часто говорять господарям: «Ні, дякую. Я тільки недавно поїв (попив) перед тим, як прийти до вас». Однак після того, як я дізнався, що обман навіть з добрими намірами все одно є обманом, я постійно молився, щоби позбутися обмана. Зрештою я зміг позбутися навіть ненавмисного обмана.

Крім того, я склав список всього поганого і гріховного, чого мав позбутися, і молився. Тільки коли я пересвідчувався, що позбувся по черзі всіх гріхів та звичок, я викреслював ці пункти червоним олівцем. Якщо був гріх, якого я не міг легко позбутися навіть після щирої молитви, я відразу починав поститися. Якщо я не міг позбутися гріха після триденного посту, я продовжував поститися до п'яти днів. Якщо я продовжував грішити, тоді я розпочинав семиденний піст. Однак мені рідко доводилося поститися на протязі тижня. Після триденного посту я міг позбутися більшості своїх гріхів. Повторюючи такі процедури, я позбувався гріхів, і став чистим посудом.

Через три роки після того, як я зустрівся з Господом, я відкинув все, що йшло у розріз зі Словом Божим, і мене можна було вважати чистим посудом в очах Бога. До того ж, оскільки я старанно і дбайливо виконував накази, включаючи такі як «Роби» і «Дотримуйся», за короткий період часу я зміг жити за Його Словом. Оскільки я перетворився на чисту посудину, Бог щедро благословив мене. Моя сім'я отримала благословення здоров'ям. Я зміг швидко розплатитися з усіма боргами. Я отримав фізичні і духовні благословення. Це тому що Біблія запевняє нас: «Улюблені, коли не винуватить нас серце, то маємо відвагу до Бога, і чого тільки попросимо, одержимо від Нього, бо виконуємо Його заповіді та чинимо любе для Нього» (1 Послання Івана 3:21-22).

По-друге, для того, щоби стати посудом, прекраснішим, ніж коштовне каміння, ви повинні бути «очищені вогнем» і проливати духовне світло.

Дорогоцінні камені на кільцях та у намистах колись були нечистими. Однак вони були очищені гранувальниками, щоби сяяти блискучим світлом, набули прекрасних форм.

Саме так як ці кваліфіковані гранувальники обрізають, шліфують і очищають вогнем ці дорогоцінні камені, перетворюючи їх на прекрасні фігури з надзвичайним блиском, Бог дисциплінує Своїх дітей. Бог дисциплінує їх не через їхні гріхи, але тому що завдяки дисципліні Він може фізично і духовно благословити їх. Для дітей, котрі не зогрішили та не вчинили нічого поганого, може здатися що вони мають терпіти біль і страждати від випробувань. Це процес, завдяки якому Бог виховує і дисциплінує Своїх дітей, щоби вони блищали і сяяли прекраснішими кольорами. 1 Послання Петра 2:19 нагадує нам: «Бо то вгодне, коли хто, через сумління перед Богом, терпить недолю, непоправді страждаючи». Ми також читаємо: «щоб досвідчення вашої віри було дорогоцінніше за золото, яке гине, хоч і огнем випробовується, на похвалу, і честь, і славу при з'явленні Ісуса Христа» (1 Послання Петра 1:7).

Навіть якщо діти Божі вже позбулися будь-якого зла і стали освяченими посудинами, у час Свого вибору Бог дозволяє, щоби вони піддавалися дисципліні і випробованням, щоби стати посудом, прекраснішим, ніж коштовне каміння. Як написано у другій половині вірша 1 Послання Івана 1:5: «Бог є світло, і немає в Ньому жадної темряви!» Бог – це величне світло, без плям і пошкоджень. Він скеровує шлях Своїх дітей, щоби вони досягли такого ж рівня світла.

Тому коли ви у благочесті і любові долаєте будь-які випробування, яким дозволив відбутися Бог, ви стаєте блискучішою і прекраснішою посудиною. Рівень духовного авторитету і сила відрізняються в залежності від яскравості духовного світла. Крім того, коли світить духовне світло, вже немає місця ворогу, сатані і дияволу.

В Євангелії від Марка 9 розповідається про те, як Ісус вигнав нечистого духа з хлопця, чий батько благав зцілити сина. Ісус докорив нечистого духа: «Душе німий і глухий, тобі Я наказую: вийди з нього, і більше у нього не входь!» Нечистий дух покинув хлопця, і він одужав. До цього відбувся ще один епізод, коли батько привів хлопця до апостолів Ісуса, і вони не могли вигнати нечистого духа. Це тому що духовний рівень світла апостолів був інакшим.

Тож що ми маємо робити, якщо збираємося дістатися рівня духовного світла Ісуса? Ми можемо перемагати у будь-яких випробуваннях, твердо вірячи в Бога. Можемо перемагати зло добром і любити своїх ворогів. Тому коли ваше благочестя, любов і праведність буде істинним, як в

Ісуса, ви зможете виганяти нечистих духів і уздоровлювати людей від будь-яких хвороб і недугів.

Благословення для посудин, прекрасніших, ніж коштовні камені

За довгі роки, ідучи шляхом віри, я пережив незчисленні випробування. Наприклад, за звинуваченням телевізійної програми декілька років тому я пережив випробування, котре було таким болючим і нестерпним, наче смерть. Як наслідок, люди, які отримали милість через мене, та багато інших, котрих я довгий час вважав близькими і рідними, зрадили мене.

Для мирських людей я став об'єктом непорозуміння і мішенню для докорів, тоді як багато членів Церкви Манмін страждали і несправедливо переслідувалися. Незважаючи на це, я разом із членами Церкви Манмін здолав це випробування з доброчинністю і, віддавши вирішення цієї проблеми Богові, благав Його дати любов і силу, щоби простити їх.

Крім того, я не зненавидів та не відвернувся від тих, хто покинув мене і утруднив життя церкви. Посеред цього нестерпного випробування я щиро вірив, що мій Бог-Отець любить мене. З добром і любов'ю я дивився на тих, хто вчинив зло. Так само як студент на екзамені отримує у нагороду за свою важку працю у вигляді гарної оцінки, коли моя віра, доброчинність, любов і праведність отримали визнання від Бога, Він ще більше благословив мене на здійснення і прояв Його сили.

Після того випробування Він відкрив двері, через які я мав здійснити всесвітню місію. Бог працював таким чином, що десятки і сотні тисяч, навіть мільйони людей збиралися під час кампаній, які я проводив за кордоном. І Бог був поряд зі мною Своєю силою, яка існує поза межами часу і простору.

Духовне світло, котрим Бог оточує нас, -- ще яскравіше і прекрасніше, ніж будь-які коштовні камені цього світу. Бог зважає на Своїх дітей, котрих Він оточує духовним світлом, щоби вони були посудинами, прекраснішими, ніж коштовне каміння.

Тому в ім'я Господа нашого Ісуса Христа я молюся про те, щоби кожен з вас освятився і став посудом, від якого виходить перевірене випробуваннями духовне світло, прекраснішим, ніж коштовне каміння; щоби ви отримали все, чого попросите, і жили благословенним життям!

Послання 4
Світло

1 Послання Івана 1:5

А це звістка,
що ми її чули від Нього
і звіщаємо вам:
Бог є світло,
і немає в Нім жадної темряви!

Існує багато видів світла, і кожен з них має власну надзвичайну здатність. Передусім це здатність осяяти темряву, давати тепло і вбивати шкідливі бактерії або плісняву. За допомогою світла рослини можуть підтримувати життя за допомогою фотосинтезу.

Проте існує фізичне світло, котре ми можемо бачити неозброєним оком, торкатися, і духовне світло, яке ми не можемо побачити чи торкатися. Так само, як фізичне світло має багато властивостей, духовне світло має величезну кількість властивостей. Коли світло сяє вночі, темрява зникає.

Таким же чином, коли духовне світло сяє у нашому житті, духовна темрява скоро зникне, якщо ми будемо ходити у Божій любові і милості. Оскільки духовна темрява – це корінь хвороб, проблем на роботі, вдома, у стосунках з людьми, через неї ми не можемо знайти справжнього спокою. Проте коли духовне світло осяює наше життя, проблеми, які неможливо вирішити за допомогою людських знань і умінь, можливо вирішити, а також задовольнити всі наші бажання.

Духовне світло

Що таке духовне світло і як воно працює? У другій половині вірша 1 Послання Івана 1:5 ми знаходимо такі слова: «Бог є світло, і немає в Нім жадної темряви!» А у Євангелії від Івана 1:1 написано: «Бог було Слово». Взагалі «світло» означає не тільки Самого Бога, але також Його Слово, яке є істиною, добром і любов'ю. До створіння всього у безкрайньому всесвіті Бог існував Один і не мав жодної форми. Бог, єдність світла і звука, зібрав всесвіт. Яскраве, величне і прекрасне світло оточувало всесвіт, і від нього виходив вишуканий, чистий і дзвінкий звук.

Бог, Який існував як світло і звук, задумав наперед зрощення людства, щоби зібрати врожай істинних дітей Божих. Потім Він прийняв один образ, відокремив Себе у Трійцю і створив людство за власним образом і подобою. Однак сутністю Бога є світло і звук. Він досі працює за допомогою світла і звука. Незважаючи на те, що Бог перебуває в образі людини, в цьому образі існують світло і звук Його безмежної сили.

Крім Божої сили існують інші складові частини істини, до яких входять любов і добро. Шістдесят шість книжок Біблії – це зібрання істини духовного світла, яке висловлено через звук. Інакше кажучи, «світло» означає всі накази і вірші Біблії стосовно добра, праведності і любові, включаючи такі: «Любіть один одного», «Безперестанку моліться!», «Пам'ятай день суботній», «Виконуйте десять заповідей», і подібні.

Ходіть у світлі, щоби зустріти Бога

У той час, коли Бог управляє світом світла, ворог, сатана і диявол, управляє світом темряви. Крім того, оскільки ворог, сатана і диявол, протистоїть Богові, люди, які живуть у світі темряви, не можуть зустріти Бога. Тому, щоби зустріти Бога, вирішити різноманітні проблеми, які існують у вашому житті, і отримати відповіді на запитання, ви повинні швидко покинути світ темряви і увійти у світ світла.

У Біблії ми знаходимо багато наказів: «Робіть». До таких

входять: «Любіть один одного», «Служіть один одному», «Моліться», «Вдячними будьте!», і подібні. Також існують накази «Дотримуйтесь». До таких входять: «Пам'ятай день суботній», «Виконуйте десять заповідей», «Дотримуйтесь Божих заповідей», і подібні. Також є багато наказів «Не робіть». До таких входять: «Не кажіть неправди», «Не ненавидьте», «Не шукайте свого власного», «Не поклоняйтеся ідолам», «Не крадіть», «Не заздріть», «Не розпускайте плітки», і подібні. Також існують накази «Відкиньте». До таких входять: «Відкиньте всіляку нечисть!», «Відкладіть заздрість і всякі обмови», «Остерігайтеся всякої зажерливості», і подібні.

З однієї сторони, виконання цих Божих наказів – це життя у світлі, намагання бути схожими на Господа і нашого Бога-Отця. З іншої сторони, якщо ви не будете чинити так, як говорить вам Бог, якщо не будете дотримуватись того, що Він каже вам виконувати, якщо ви робитимете те, що Він говорить вам не робити, і якщо ви не відкинете того, що Він каже вам відкинути, ви залишитесь у темряві. Тому пам'ятаючи, що непокора Божому Слову означає, що ми перебуваємо у світі темряви, яким управляє ворог, сатана і диявол, ми повинні завжди жити за Його Словом і ходити у світлі.

Коли ходимо у світлі, маємо спільність з Богом

У першій половині вірша 1 Послання Івана 1:7 написано: «Коли ж ходимо в світлі, як Сам Він у світлі, то маємо спільність один із одним». Тільки якщо ми ходимо і живемо у світлі, можна сказати, що ми маємо спільність з Богом.

Так само як існує спільність між батьком і його дітьми, так і ми повинні мати спільність з Богом, Отцем нашого духу. Однак для того, щоби встановити і підтримувати спільність з Богом, ми повинні виконати вимогу: позбутися гріха і ходити у світлі. Тому «Коли ж кажемо, що маємо спільність із Ним, а ходимо в темряві, то неправду говоримо й правди не чинимо!» (1 Послання Івана 1:6).

«Спільність» має не одну сторону. Якщо вам відомо про існування когось, це не означає, що ви маєте спільність з цією людиною. Тільки коли обидві сторони стануть достатньо близькими одна до одної, щоби знати, довіряти, залежати одна від одної, спілкуватися, вони матимуть «спільність».

Наприклад, більшість з вас знає президента вашої країни. Незалежно від того, як добре вам про нього відомо, якщо він не знає вас, між вами не може бути спільності. Крім того, спільність може бути різної глибини. Двоє осіб можуть бути ледве знайомими; інші -- трохи ближчі один до одного, так що можуть інколи поцікавитися, як справи; а стосунки інших людей можуть бути настільки близькими, що вони здатні ділитися навіть секретами.

Те ж саме стосується спільності з Богом. Для того, щоби наші стосунки з Богом були справжньою спільністю, Бог повинен знати і визнавати нас. Якщо ми маємо абсолютну спільність з Богом, ми не будемо хворими або слабкими. Не буде таких питань, на які ми не могли б отримати відповіді. Бог бажає дати Своїм дітям тільки найкраще. У Книзі Повторення закону 28 він каже нам, що якщо ми повністю коримося нашому Богові і старанно виконуємо всі Його накази, ми отримаємо благословення у вході і у виході своїм; позичатимемо багатьом а самі не позичатимемо ні в кого; ми будемо головою, а не хвостом.

Отці віри, які мали істинну спільність з Богом

Яку спільність мав з Богом Давид, котрого Бог називав «чоловіком за серцем Своїм» (Книга Дії 13:22)? Давид любив, боявся Бога і завжди повністю залежав від Нього. Коли Давид біг від Саула або виходив на бій, він завжди запитував Бога, як дитина, яка питає свого батька, що вона має робити: «Чи повинен я йти? Куди я маю іти?»; і робив так, як казав йому Бог. Крім того, Бог завжди давав Давидові детальні відповіді. І оскільки Давид вчиняв саме так, як говорив йому Бог, він отримував перемогу за перемогою (2 Книга Самуїлова 5:19-25).

Давид міг насолоджуватися чудовими стосунками з Богом, бо своєю вірою догоджав Йому. Наприклад, на початку царювання царя Саула филистимляни воювали з народом Ізраїлю. На чолі филистимлян стояв Ґоліят, котрий глузував з військ Ізраїлю, ганьбив і зневажав ім'я Бога. Однак жоден з табору ізраїльтян не наважився кинути виклик Ґоліяту. Тоді Давид погодився сміливо зітнутися без зброї у битві з Ґоліятом, незважаючи на свій молодий вік, маючи лише п'ять гладеньких каменів з річки, бо він вірив у всемогутнього Бога Ізраїлю, а також у те, що результат бою в руках Бога (1 Книга Самуїлова 17). Бог зробив так, що камінь Давида влучив у лоб Голіята. Після гибелі Голіята ситуація на полі бою змінилася, і народ Ізраїлю отримав абсолютну перемогу.

За міцну віру Бог вважав Давида «чоловіком за серцем Своїм». Саме так як син і батько спілкуються і обговорюють всі справи разом, Давид міг отримати все, що бажав, маючи поруч Бога.

У Біблії також розповідається про те, як Мойсей розмовляв з Богом віч-на-віч. Наприклад, коли Мойсей сміливо попросив Бога показати йому Своє лице, Бог бажав дати йому все, про що він просив (Книга Вихід 33:18). Яким чином Мойсей міг мати близькі особисті стосунки з Богом?

Скоро після того, як Мойсей вивів народ Ізраїлю з Єгипту, протягом сорока днів він постився і спілкувався з Богом на вершині Сінайської гори. Побачивши, що Мойсей довго не повертається, народ Ізраїлю виготовив ідола для поклоніння. Побачивши це, Бог сказав Мойсею, щоби той знищив народ Ізраїлю, пообіцявши, що від Мойсея вийде великий народ (Книга Вихід 32:10).

Тоді Мойсей почав благати Бога: «Вернися з розпалу

гніву Свого, та й відверни зло від Свого народу!» (Книга Вихід 32:12б). Наступного дня він знову благав Бога: «О, згрішив цей народ великим гріхом, вони зробили собі золотих богів! А тепер, коли б Ти пробачив їм їхній гріх! А як ні, витри мене з книги Своєї, яку Ти написав...» (Книга Вихід 32:31-32). Це дивовижні приклади щирої молитви, сповненої любові!

Крім того, у Книзі Числа 12:3 ми читаємо: «А той муж, Мойсей, був найлагідніший за всяку людину, що на поверхні землі». У Книзі Числа 12:7 написано: «Не так раб мій Мойсей: у всім домі Моїм він довірений!» З цією великою любов'ю і покірним серцем Мойсей міг бути вірним в усім домі Божім і насолоджуватися спільністю з Богом.

Благословення для людей, які ходять у світлі

Ісус, Який прийшов у цей світ як Світло для світу, навчав тільки істині і Євангелію небес. Однак люди, які жили у темряві, що належить ворогу-дияволу, навіть після пояснень і розповідей не могли зрозуміти Світло. У своєму протистоянні люди, які знаходяться у світі темряви, не могли прийняти Світло або отримати спасіння, але йшли шляхом загибелі.

Люди зі щирим серцем, усвідомивши свої гріхи, каються і отримують спасіння через світло істини. Підтримуючи бажання Святого Духу, вони кожного дня народжують дух і ходять у світлі. Відсутність мудрості або здатності з їхнього боку вже не є проблемою. Вони установлять стосунки з Богом, Який є Світло, і отримають голос і нагляд Святого Духа. Потім все з ними буде добре, і вони отримають мудрість з небес. Навіть якщо вони мають проблеми, заплутані, як павутиння, ніщо не може віднадити їх від вирішення проблем, і жодні перепони не можуть зашкодити їм, тому що Святий Дух особисто навчатиме їх кожному кроку на їхньому шляху.

Як спонукають нас слова, записані у 1 Посланні до коринтян 3:18: «Хай не зводить ніхто сам себе. Як кому з вас здається, що він мудрий в цім віці, нехай стане нерозумним, щоб бути премудрим». Ми повинні розуміти, що мудрість цього світу – безглуздя перед Богом.

Крім того, як говориться у Посланні Якова 3:17: «А мудрість, що зверху вона, насамперед чиста, а потім спокійна, лагідна, покірлива, повна милосердя та добрих плодів, безсторння та нелукава». Коли ми досягаємо освячення і входимо у світло, мудрість сходить на нас з небес.

Якщо ми ходимо у світлі, ми також досягнемо рівня, на якому ми відчуватимемо себе щасливими, навіть якщо нам чогось бракуватиме. В нас не буде думки, що нам чогось бракує, навіть якщо нам дійсно чогось не вистачатиме.

Апостол Павло у Посланні до филип'ян 4:11 визнає: «Не за нестатком кажу, бо навчився я бути задоволеним із того, що маю». До того ж, якщо ми ходимо у світлі, ми досягнемо миру Божого, завдяки якому мир і радість буде виходити з нас і виливатися через край. Люди, які укладають мир з іншими, не будуть сваритися або ворогувати зі своєю сім'єю. Навпаки, оскільки любов і милість переливаються через край у їхніх серцях, вони невпинно дякуватимуть у своїх молитвах Богові.

Крім того, коли ми ходимо у світлі і схожі на Бога наскільки це можливо, як Він говорить нам у 3 Посланні Івана 1:2: «Улюблений, я молюся, щоб добре велося в усьому тобі, і щоб був ти здоровий, як добре ведеться душі твоїй», ми неодмінно отримаємо не лише благословення процвітання в усьому, але також владу, здатність і силу Бога, Який є Світло.

Після того, як Павло зустрівся з Господом і ходив у світлі, Бог дав йому можливість проявити вражаючу силу стати апостолом для язичників. Бог діяв через Степана і Пилипа, хоча вони не були пророками або учнями Ісуса. У Книзі Дії 6:8 ми читаємо: «А Степан, повний віри та сили, чинив між народом великі знамена та чуда». У Книзі Дії 8:6-7 ми також знаходимо такі слова: «А люди вважали на те, що Пилип говорив, і згідно слухали й бачили чуда, які він чинив. Із багатьох бо, що мали їх, духи нечисті виходили з криком великим, і багато розслаблених та кривих уздоровилися».

Людина може проявити Божу силу настільки, наскільки вона освятилася, ходячи у світлі, наскільки вона схожа на Господа. Було дуже небагато людей, які проявляли Божу силу. Однак навіть серед тих, хто міг проявити Його силу, величина проявленої сили відрізнялася відповідно до того, у якій мірі кожна людина була схожою на Бога, Який є Світло.

Чи живу я у світлі?

Щоби отримати дивовижні благословення, які надаються тим, хто ходить у світлі, кожен з нас повинен спершу запитати самих себе: «Чи живу я у світлі»?

Навіть якщо ви не маєте якихось особливих проблем, ви повинні дослідити себе, щоби побачити, чи жили ви «літеплим» життям у Христі, або ви не чули Святого Духа і Він не управляв вами. Якщо так, тоді ви повинні прокинутися від свого духовного сну.

Якщо ви у якійсь мірі відкинули зло, ви не повинні цим задовольнятися. Як дитина зростає і стає дорослою людиною, ви повинні досягти віри отців. Ви повинні мати глибоке спілкування з Богом, а також особисту спільність з Ним.

Якщо ви намагаєтеся досягнути освячення, ви повинні виявляти навіть дрібні рештки зла і викорінювати їх. Маючи владу і розум, ви повинні спочатку служити іншим і намагатися виконувати їхні інтереси. Коли інші, включаючи тих, хто менший за вас, вказують на ваші недоліки, ви повинні звернути на це увагу. Ви не повинні ображатися або відчувати прикрість і відштовхувати тих, хто збивається з дороги і чинить зло. Ви повинні з любов'ю, добром і терпінням направляти їх. Ви не повинні їм не довіряти або зневажати їх. А також не ігнорувати інших, вважаючи себе праведними, не руйнувати мир.

Я проявляв більше любові до молодших, бідніших і слабших. Як батьки, які піклуються більше про своїх слабких і хворих дітей, ніж про здорових, я старанніше молився за людей, які опинилися у такому становищі, ніколи не ігнорував їх і від щирого серця намагався служити їм. Ті, хто ходять у світлі, повинні мати співчуття до людей, які вчинили неправду, повинні мати змогу простити їх і покрити їхні гріхи замість того, щоби виставляти на вид їхню провину.

Навіть виконуючи Божу роботу ви не повинні виставляти або показувати свої власні заслуги або досягнення, але визнавати зусилля інших, з якими ви працювали. Коли їхні зусилля будуть визнаними, і вони отримають за них похвалу, ви маєте бути ще щасливішими і радіснішими.

Чи можете ви уявити собі, як сильно Бог буде любити Своїх дітей, чиї серця схожі на серце нашого Господа? Так само, як Він на протязі 300 років ходив з Енохом, Бог ходитиме зі Своїми дітьми, подібних до Нього. Крім того,

Він благословить їх не лише здоров'ям; все буде добре у їхніх справах, а також Він дасть їм Свою силу, через яку використовуватиме їх у якості дорогоцінних посудин.

Отже навіть якщо ви думаєте, що маєте віру і любите Бога, ви повинні перевірити, наскільки Він визнає вашу віру і любов. Ви повинні ходити у світлі, щоби ваше життя було сповнене свідченнями Його любові і спільності з Ним. В ім'я Господа нашого Ісуса Христа я молюся!

Послання 5
Сила світла

1 Послання Івана 1:5

*А це звістка,
що ми її чули від Нього
і звіщаємо вам:
Бог є світло,
і немає в Нім жадної темряви!*

В Біблії є багато прикладів, коли дуже багато людей отримали спасіння, зцілення і відповіді через дійсно дивовижну дію Божої сили, явленої Його Сином Ісусом. Коли Ісус наказував, всі види хвороб негайно виліковувалися, люди зміцнювалися і відновлювалися після недугів.

Сліпі ставали зрячими, німі починали розмовляти, глухі -- чути. Люди з висохлими руками зцілялись, кульгаві починали ходити, паралізовані одужували. Крім того, злі духи виганялися, і мертві воскресали.

Ці дивовижні діла Божої сили проявляв не лише Ісус, але також багато пророків Старого Заповіту і апостолів Нового Заповіту. Звичайно, проявлення Ісусом Божої сили неможливо порівняти з дією пророків і апостолів. Однак для людей, котрі схожі на Ісуса і Самого Бога, Він дав силу і використовував їх у якості Своїх посудин. Бог-Світло явив Свою силу через дияконів Степана і Пилипа, бо вони досягли освячення, ходячи у світлі і намагаючись бути схожими на Бога.

Апостол Павло явив велику силу, так що його вважали за «Бога»

Серед усіх героїв Нового Заповіту апостол Павло займає друге місце після Ісуса за проявленням Божої сили. Він проповідував Євангеліє язичникам, які не знали Бога, повідомляв про владу Бога знаменнями і чудесами. З такою силою Павло міг свідчити про істинного Бога та Ісуса Христа.

Оскільки ідолопоклонство і ворожба у той час були дуже поширеними, серед язичників були деякі люди, які обманювали інших. Щоби поширити Євангеліє серед таких людей, потрібно було проявити дію Божої сили, яка б надто перевершувала силу чаклунів і злих духів (Послання до римлян 15:18-19).

У Книзі Дії 14 починаючи з 8 вірша і далі описується, як апостол Павло проповідував Євангеліє у Лістрі. Коли Павло наказав чоловікові, який був кривим все своє життя: «Устань просто на ноги свої!», той скочив і почав ходити (Книга Дії 14:10). Коли люди побачили це, вони промовили: «Боги людям уподібнились, та до нас ось зійшли!...» (Книга Дії 14:11). У Книзі Дії 28 описується як апостол Павло після корабельної аварії прибув на острів Меліта. Коли він назбирав купу хмизу й поклав на огонь, змія вискочила через жар і почепилась йому на руку. Жителі того острова очікували, що він спухне або впаде мертвим вмить. Але коли побачили, що такого не сталося, люди подумали, що Павло – бог (вірш 6).

Через те що Павло мав щире серце з точки зору Бога, він міг являти дію Його сили незважаючи на те, що люди його вважали «богом».

Сила Бога, Який є Світло

Сила дається не тій людині, яка сильно бажає отримати її. Вона дається лише тому, хто схожий на Бога і досяг освячення. Навіть у наш час Бог шукає людей, посудин слави Божої, яким Він може дати Свою силу. Тому в Євангелії від Марка 16:20 написано: «І пішли вони, і скрізь проповідували. А Господь помагав їм, і стверджував слово ознаками, що його супроводили». Також в Євангелії від Івана 4:48 Ісус промовив: «Як знамен тих та чуд не побачите, не ввіруєте!»

Щоби привести незчисленну кількість людей до спасіння, потрібно мати небесну силу, яка може явити знамення і дива, що у свою чергу є свідченням живого Бога. У час, коли гріх і зло особливо процвітають, ще необхіднішими є знамення і дива.

Коли ми ходимо у світлі і стаємо єдиними у дусі з нашим Богом-Отцем, ми можемо показати величність сили, яку являв Ісус. Це тому що наш Господь обіцяв: «Хто вірує в Мене, той учинить діла, які чиню Я, і ще більші від них він учинить, бо Я йду до Отця» (Євангеліє від Івана 14:12).

Якщо хто-небудь являє таку духовну силу, яку можливо вчинити лише за допомогою Бога, тоді вважатиметься, що ця людина від Бога. Як нагадує нам Псалом 61:12: «Один раз Бог сказав, а двічі я чув, що сила у Бога!» Ворог, сатана і диявол, не може явити таку силу, якою володіє Бог. І через те що вони – духовні істоти, вони володіють вищою силою, щоби обманювати людей і змушувати їх протистояти Богові. Однак один фактор залишається незмінним: жодна істота не може зімітувати силу Бога. За допомогою цієї сили Бог управляє життям, смертю, благословенням, прокляттям, історією людства, творить щось із нічого. Сила належить Царству Бога, Який є Світло. Силу можуть явити лише ті, хто завершив освячення і досяг міри віри Ісуса Христа.

Різниця між Божою владою, здатністю і силою

Визначаючи або звертаючись до можливості Бога, багато людей прирівнюють владу до здатності, або здатність до сили; однак між цими трьома поняттями існує чітка різниця.

«Здатність» -- це сила віри, якою неможливе для людини є можливим для Бога. «Влада» -- це офіційна велика сила, яку встановив Бог, і у духовній сфері станом бегріховності є сила. Інакше кажучи, влада – це саме освячення, і ті освячені діти Божі, котрі повністю позбулися зла і неправди, можуть отримати духовну владу.

Тож що таке «сила»? Це здатність і влада Бога, якими

Він обдаровує тих, хто уникнув будь-якого зла і освятився.

Розглянемо приклад. Якщо водій має «здатність» керувати автомобілем, тоді автоінспектор, який скеровує рух транспорту, має «владу» попросити будь-якого водія пригальмувати свій автомобіль біля узбіччя. Влада зупиняти і дозволяти автомобілям знову їхати була надана автоінспектору урядом. Тому навіть якщо водій має «здатність» керувати автомобілем, через те що він не має «влади» автоінспектора, повинен уважно стежити за тим, коли автоінспектор попросить його зупинитися або дозволить продовжити рух.

Таким чином, влада і авторитет відрізняються. Якщо об'єднати ці два поняття, ми отримаємо силу. В Євангелії від Матвія 10:1 написано: «І закликав Він дванадцятьох Своїх учнів, і владу їм дав над нечистими духами, щоб їх виганяли вони, і щоб уздоровляли всіляку недугу та неміч всіляку». Сила об'єднує у собі «владу», яка виганяє нечистих духів, і «здатність» уздоровляти всі хвороби і недуги.

Відмінність між даром зцілення і силою

Люди, яким невідома сила Бога, Який є Світло, часто прирівнюють силу до дару зцілення. Дар зцілення у 1 Посланні до коринтян 12:9 означає вплив на важкі інфекційні захворювання. Він не може вилікувати глухоту або німоту, які виникли внаслідок дегенерації частин тіла людини або відмертвіння нервових клітин. Такі випадки хвороб і недугів можуть бути вилікувані лише силою Бога, молитвою віри, яка подобається Йому. Крім того, тоді як сила Бога, Який є Світло, проявляється в усі часи, дар зцілення діє не завжди.

З одного боку, Бог дає дар зцілення людям, незалежно від ступеню освяченості їхнього серця, які люблять і багато моляться за інших, за їхні душі, котрих Бог вважає сміливими і корисними посудинами. Однак якщо дар зцілення був використаний не для слави Божої, але навпаки, задля власної вигоди, Бог обов'язково забере його.

З іншого боку сила Бога дається лише тим, хто досяг освячення серця. Вона не ослабне і не зменшиться, бо одержувач ніколи не використає її задля власної вигоди.

Навпаки, чим більше людина походить на Господа, тим більшим рівнем сили Бог її обдарує. Якщо душею і поведінкою особа поєднається з Господом, вона може явити навіть таку ж дію сили Бога, яку являв Ісус.

У способах прояву сили Бога існують відмінності. Дар зцілення не може вилікувати від смертельних або рідкісних хвороб. Цим даром важче вилікуються люди, які мають малу віру. Однак для сили Бога, Який є Світло, немає нічого неможливого. Якщо пацієнт демонструє хоча би малий доказ своєї віри, сила Бога у ту ж мить зцілює його. Тут «віра» означає духовну і щиру віру.

Чотири рівня сили Бога, Який є Світло

Завдяки Ісусу Христу, Який вчора і сьогодні незмінний, будь-хто, кого Бог вважає придатною посудиною, являтиме Його силу.

Існує багато різних рівнів прояву сили Бога. Чим більше ви досягаєте духа, тим більший рівень сили ви отримаєте. Люди, чиї духовні очі відкриті, можуть бачити різні рівні

«День і ніч я плакав.
Мені було навіть ще гірше,
коли люди поводилися зі мною
як з «дитиною, що хворіє на СНІД».

Господь зцілив мене
Своєю силою
і дав моїй родині радість.
Тепер я дуже щасливий!

Естебан Джуніка з Гондурасу, зцілився від СНІДУ

освітлення відповідно до рівня сили Бога. Люди як створіння, можуть являти до чотирьох рівнів сили Бога.

Перший рівень сили – це прояв сили Бога за допомогою червоного світла, котрий знищує вогнем Святого Духа.

Вогонь Святого Духа б'є струменем з першого рівня сили, яка проявляється завдяки червоному вогню, випалює і зцілює хвороби, включаючи інфекційні, а також вірусологічного та бактеріологічного походження. Можуть бути вилікувані такі хвороби як рак, легеневі хвороби, діабет, лейкемія, захворювання нирок, артрит, розлади у роботі серця і СНІД. Однак це не означає, що всі перелічені вище хвороби можуть бути вилікувані на першому рівні сили. Для зцілення осіб, які вже переступили поріг смерті, встановлений Богом, мають останній ступінь ракової хвороби або хвороби легенів, першого рівня сили буде недостатньо.

Для віновлення ушкоджених частин тіла, або таких, які не можуть належним чином функціонувати, потрібна більша сила, яка не лише вилікує, але й збуде нові частини тіла. Навіть у такому випадку ступінь прояву віри пацієнтом, а

«Я бачив світло...
Нарешті я вибрався
з тунелю довжиною у
чотирнадцять років...
Я вже не сподівався ні на що,
але відродився
силою Господа!»

Шама Масаз із Пакістану, звільнився від демона після 14 років одержимості

також ступінь прояву віри його родиною в любові до нього, визначить рівень, за яким Бог проявить Свою силу.

У Центральній Церкві Манмін від самого початку існувала незчисленна кількість проявів сили першого рівня. Коли люди корилися Слову Божому, коли за них молилися, зцілювалися хвороби будь-якої тяжкості. Коли люди тиснули мої руки або торкалися краю одягу, коли я молився за них над хустками, а також через записи на магнітних носіях, таких як автовідповідач, або коли я молився над фотокартками пацієнтів, ми знову і знову були свідками Божого зцілення.

Дія першого рівня сили не обмежується знищенням вогнем Святого Духа. Навіть на момент, коли людина молиться з вірою, надихається і сповнюється Святим Духом, будь-хто може проявити навіть більшу дію сили Бога. Однак такі випадки тимчасові і не свідчать про постійну дію сили Бога, вони відбуваються лише тоді, коли це відповідає Його волі.

Другий рівень сили – це прояв сили Бога за допомогою блакитного світла.

У Книзі Малахії 4:2 написано: «А для вас, хто Ймення Мойого боїться, зійде Сонце Правди та лікування в промінях Його, і ви вийдете та поскакаєте, мов ті ситі телята!». Люди, чиї духовні очі відкриті, можуть бачити промені лазерного світла, які випромінюють сяйво зцілення.

Другий рівень сили проганяє темряву і звільняє людей, одержимих злими духами, які знаходяться під контролем сатани, охоплені різними видами нечистих духів. Розумові недуги, спричинені силою темряви, такі як аутизм, нервове знесилення та інші, зціляються силою другого рівня.

Таким недугам можна зашкодити, якщо ми будемо «завжди радіти» і «подяку складати за все». Якщо ви замість того, щоби бути завжди радісними і дякувати в усіх обставинах, ненавидите інших, маєте погані почуття, негативні думки і швидко стаєте дратівливими, тоді ви будете уразливішими до таких недугів. Якщо вигнати сили сатани, які змушують людину мати нечисті думки і серце, всі розумові недуги легко зціляться.

Час від часу за допомогою другого рівня сили Бога

зціляються фізичні хвороби і недуги. Такі хвороби і недуги, отримані внаслідок втручання демонів і диявола, зціляються світлом другого рівня сили Бога. Тут «недуги» означають дегенерацію або параліч частин тіла людини як у випадку з німими, глухими, кульгавими, сліпими, паралізованими від народження та іншими подібними до них.

В 9 главі Євангелія від Марка починаючи з 14 вірша розповідається про те, як Ісус вигнав з хлопця «духа німого і глухого» (вірш 25). Той хлопець став глухим і німим через нечистого духа, що жив у ньому. Коли Ісус вигнав духа, хлопець одразу одужав.

Таким же чином, коли причина хвороби контролюється силами темряви, а також демонами, для повного зцілення пацієнта потрібно вигнати нечистих духів. Якщо хтось страждає від проблем системи травлення, викликаних розладом нервової системи, причину можна знайти і вирішити, вигнавши силу сатани. При таких захворюваннях як параліч і артрит також можна виявити дію військ та залишків сил темряви. Інколи незважаючи на те що медичний діагноз не може виявити жодних порушень в роботі організму, люди страждають від болі у різних

Одна старенька із Кенії знову почала ходити після молитви з кафедри

«Боже! Невже це можливо? Невже я можу ходити?»

частинах тіла. Коли я молюся за будь-кого, хто страждає від такого недугу, інші люди, чиї духовні очі відкриті, часто бачать як сили темряви залишають тіло хворої людини у вигляді огидних тварин.

Крім сил темряви, які існують у хворобах і недугах, другий рівень сили Бога, Який є Світло, може також виганяти сили темряви, які знаходяться вдома і на роботі. Коли людей, які страждають від тиску вдома і мають проблеми на роботі, відвідує особа, здатна явити другий рівень сили Бога, темрява зникає, і на них сходить світло і благословення, відповідно до їхніх справ.

Оживлення мертвих і подовження життя людини за волею Бога також належить до дії другого рівня сили Бога. Приклади таких недугів перелічені тут: апостол Павло оживив Євтиха (Книга Дії 20:9-12); Ананій і Сапфіра обманули апостола Петра і він внаслідок цього прокляв їх, що привело до їхньої смерті (Книга Дії 5:1-11); Єлисей прокляв дітей, це також спричинило їхню смерть (2 Книга царів 2:23-24).

Однак існують істотні відмінності між дією Ісуса, апостолів Петра, Павла і пророка Єлисея. Зрештою Бог,

«Я навіть не могла дивитися на своє тіло,
воно було повністю обпеченим...

Коли я була одна,
Він прийшов до мене,
простягнув Свою руку,
і поставив мене поряд з Собою...

Завдяки Його любові і відданості
Я отримала нове життя...
Чи є щось,
що би я не зробила для Господа?»

Старша дияконіса Еундеук Кім,
одужала після опіку третього ступеня.
Було обпеченим все тіло: від голови до ніг.

Господь всіх духів, має дозволити комусь жити, а комусь померти. Однак оскільки Ісус і Бог єдині, воля Ісуса є волею Бога. Тому Ісус міг воскрешати мертвих лише Своїм словом (Євангеліє від Івана 11:43-44), тоді як пророки і апостоли мали просити волі Божої і Його згоди на оживлення людини.

Третій рівень віри – це прояв сили Бога за допомогою білого і безбарвного світла, він супроводжується всіма видами знамень і дією створіння.

На третьому рівні сили Бога, Який є Світло, виявляються всі види знамень, а також дія створіння. Тут «знамення» означають зцілення, завдяки яким сліпі можуть бачити, німі – говорити, а глухі – чути. Кульгаві починають нормально ходити, короткі ноги подовжуються, дитячі паралічі та церебральні паралічі повністю виліковуються. Деформовані або абсолютно вироджені від народження частини тіла людини відновлюються. Поламані кістки складаються як треба, створюються кістки, яких не вистачає, короткі язики виростають і сухожилля з'єднуються. Крім того, оскільки вогні першого, другого та третього рівнів сили Бога за необхідністю виявляються одночасно, на третьому рівні, людину не спікатиме жодна хвороба або недуга.

Навіть якщо хтось обгорить від голови до п'ят, згорять його клітини і м'язи, або навіть якщо тіло обпечеться кип'ятком, Бог може відновити все. Оскільки Бог може створити щось із нічого, Він може полагодити не лише неживі предмети, такі як механізми, але й нездорові частини тіла людини.

У Центральній Церкві Манмін через молитву над хустками та молитву, записану у вигляді телефонного автовідповідача, відновляли свою роботу внутрішні органи, які працювали не так як треба, або були серйозно пошкоджені. Сильно пошкоджені легені загоюються, нирки і печінка, які потребують пересадки, стають нормальними. На третьому рівні сили Бога, безперервно проявляється дія сили створіння.

Тут потрібно чітко виділити один фактор. З однієї сторони, якщо відновилися слабкі функції частини тіла людини, -- це дія першого рівня сили Бога. З іншої сторони, якщо функція частини тіла людини, яка не мала шансів на одужання, відновилася або створилася заново, це дія третього рівня сили Бога, сила створіння.

Четвертий рівень віри – це прояв сили Бога за допомогою золотого світла, втілення сили.

Відповідно до дії сили, явленої Ісусом, можна сказати, що всім управляє четвертий рівень сили. Він управляє погодою та навіть наказує коритися неживим предметам. В Євангелії від Матвія 21:19, коли Ісус прокляв фігове дерево, ми читаємо, що «фігове дерево зараз усохло». В Євангелії від Матвія 8:23 розповідається про те, як Ісус вгамував бурю і море заспокоїлося. Навіть природа і неживі предмети, вітер і море, послухалися, коли їм наказував Ісус.

Одного разу Ісус сказав Петрові вийти в море і закинути невід, щоби піймати рибу, і коли Петро послухався, він вловив безліч риби, так що невід почав прориватись (Євангеліє від Луки 5:4-6). Одного разу Ісус наказав Петрові: «...піди над море, та вудку закинь, і яку першу рибу ізловиш, візьми, і рота відкрий їй, і знайдеш статира; візьми ти його, і віддай їм за Мене й за себе...» (Євангеліє від Матвія 17:24-27).

Оскільки Бог створив все у всесвіті Своїм Словом, коли Ісус управляв всесвітом, він, підкорившись Йому, став

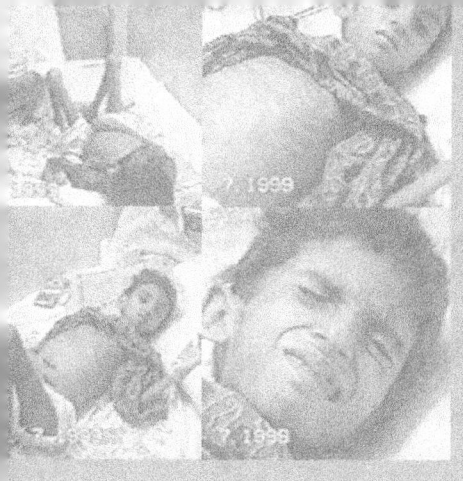

«Дуже боляче...
Мені так боляче,
що я не можу відкрити очі...
Ніхто не знає, що я відчувала,
але Господу було відомо все,
і Він зцілив мене».

Синтія з Пакістану,
зцілилася від глютенової хвороби і кишкової непрохідності

справжнім. Таким же чином отримавши істинну віру, ми будемо впевнені у своїх сподіваннях і в тому, чого не бачимо (Послання до євреїв 11:1), і проявиться дія сили, що створює все з нічого.

Крім того, на четвертому рівні сили Бога проявляється дія, що переступає межі часу і простору.

Серед проявів Ісусом сили Бога були деякі, котрі переступали межі часу і простору. В Євангелії від Марка 7:24 розповідається про те як жінка благала Ісуса зцілити її дочку, яка мала нечистого духа. Побачивши покірність і віру жінки, Ісус відповів: «За слово оце йди собі, демон вийшов із твоєї дочки!» (вірш 29). Коли жінка повернулася додому, побачила, що дитина її лежить у ліжку, і нечистий дух вийшов із неї.

Незважаючи на те, що Ісус не відвідував усіх хворих особисто, коли Він бачив віру хворого і наказував, відбувалися зцілення, незважаючи на межі часу і простору.

Той факт, що Ісус ходив по поверхні води (дія сили, яку Він Сам явив), також свідчить про те, що все у всесвіті знаходиться під владою Ісуса.

Крім того, в Євангелії від Івана 14:12 Ісус говорить нам: «Поправді, поправді кажу вам: Хто вірує в Мене, той учинить діла, які чиню Я, і ще більші від них він учинить, бо Я йду до Отця». Як Він запевнив нас, дійсно дивовижна дія сили Бога проявляється сьогодні у Центральній Церкві Манмін.

Наприклад, коли погода змінювалася, відбувалися різноманітні дива. Коли я молюся, за мить зупиняється злива; дуже темні хмари віддаляються; на абсолютно безхмарному небі вмить з'являються хмаринки. Було також багато прикладів, коли неживі предмети корилися моїй молитві. Навіть у випадку із отруєнням небезпечним для життя людини чадним газом. Через хвилину або дві після мого наказу особа, яка була непритомною, одужала і не отримала жодних ускладнень, які звичайно бувають внаслідок отруєння. Коли я помолився за чоловіка, який мав опік третього ступеня: «Відчуття опіку, зникни», він вже не відчував болю.

До того ж, з більшою силою відбувається дія сили Бога, яка переступає межі часу і простору. Дуже визначним є випадок із Синтією, донькою преподобного Вілсон Джон Ґіл, старшого пастора Церкви Манмін у Пакистані. Коли я помолився над фотокарткою Синтії в Сеулі, Корея, перебуваючи на величезній відстані від неї, дівчинка, надію на вилікування якої покинули всі лікарі, у ту ж мить швидко одужала.

На четвертому рівні сила зціляти хвороби виганяє сили темряви, являє знамення і дива і наказує коритися їй. Проявляється об'єднана дія першого, другого, третього і четвертого рівнів сили.

Найвища сила створіння

У Біблії записані приклади, коли Ісус проявляв силу, що перевершує четвертий рівень сили. Цей рівень сили, Найвища Сила, належить Творцю. Ця сила проявляється не на тому ж рівні, на якому люди можуть являти Його силу. Вона бере свій початок від первісного світла, яке сяяло тоді, коли Бог був Один.

В Євангелії від Івана 11 Ісус наказав Лазарю, який чотири дні тому помер, і тіло якого вже смерділо: «Лазарю, вийди сюди!» За Його наказом померлий вийшов, його руки і ноги були обв'язані пасами, а обличчя у нього було перев'язане хусткою (вірші 43-44).

Після того, як людина відкине будь-яке зло, освятиться, стане схожою на Бога-Отця і перетвориться на дух, вона увійде у духовне царство. Чим більше людина накопичуватиме знання про духовне царство, тим вищим за четвертий рівень буде прояв сили Бога.

Тоді людина досягне рівня сили, яку може явити лише Бог. Це є Найвищою Силою Створіння. Коли людина повністю досягне цього рівня, вона також явить дивні дії створіння, як у час, коли Бог створив все у всесвіті за Своїм наказом.

Наприклад, коли людина накаже сліпому: «Відкрий очі», очі сліпого у ту ж мить відкриються. Коли вона накаже німому: «Говори!», німа людина у ту ж мить почне говорити. Коли вона накаже кульгавому: «Встань!», хвора людина почне ходити і бігати. За її наказом зникнуть шрами і відновляться зруйновані частини тіла хворого.

Все це досягається світлом і голосом Бога, Який існував як світло і голос ще до початку часів. Коли необмежена сила творіння у світлі підштовхується голосом, світло спускається, і проявляється дія. Так відбувається з тими, хто перейшов межу, яку встановив Бог, коли вилікуються хвороби і недуги, які неможливо було вилікувати першим, другим або третім рівнем сили.

Як отримати силу Бога, Який є Світло

Як ми можемо бути схожими на Бога, Який є світло, отримати Його силу і виводити велику кількість людей на шлях спасіння?

По-перше, ми повинні не лише уникати будь-якого зла і досягати освячення, але також досягати доброго серця і прагнути найвищого добра.

Якщо ви не виказали жодних ознак незадоволення або прикрості проти особи, яка зробила ваше життя надто важким або завдала вам шкоди, чи можна сказати, що ви досягли добра у своєму серці? Такий висновок зробити неможливо. Навіть якщо ви не здригнулися і не відчули незручності, ви чекаєте і терпите, в очах Бога це лише перший крок до добра.

На вищому рівні добра людина повинна спілкуватися і поводити себе так, щоби просити за тих людей, які роблять життя цієї особи важким або завдають їй шкоди. При найвищому рівні добра, яке радує Бога, особа повинна бути здатною відмовитися від власного життя заради свого ворога.

Ісус міг простити тих, хто розпинав Його. Він віддав за них Своє життя, бо мав найвище благо. Мойсей і апостол Павло також бажали віддати своє життя за тих, хто намагався їх вбити.

Що сказав Мойсей, коли Бог збирався знищити народ Ізраїлю, який протистояв Йому, поклоняючись ідолам, скаржився і висловлював незадоволення проти Нього навіть коли був свідком великих знамень і див? Він щиро благав Бога: «А тепер, коли б Ти пробачив їм їхній гріх! А як ні, витри мене з книги Своєї, яку Ти написав...» (Книга Вихід 32:32). Таким же був апостол Павло. У Посланні до римлян 9:3 він промовив: «Бо я бажав би сам бути відлучений від Христа замість братів моїх, рідних мені тілом». Павло досяг найвищого блага, і великі діла сили Бога завжди супроводжували його.

Ми також повинні досягти духовної любові.

У наш час любов значно зменшилася. Хоча багато людей говорять один одному: «Я люблю тебе», з часом ми бачимо, що у більшості випадків це плотська любов, якій властиво змінюватися. Любов Бога – це духовна любов, яка підноситься день за днем. Про неї детально написано у 1 Посланні до коринтян 13.

Перше: «Любов довготерпить, любов милосердствує, не заздрить». Наш Господь простив нам всі наші гріхи і вади, відкрив шлях спасіння, з терпінням очікуючи навіть тих, котрих неможна простити. Однак хоча ми сповідуємо свою любов до Господа, чи ми намагаємося викрити гріхи і вади наших братів і сестер? Чи судимо ми і звинувачуємо інших, коли щось або хтось нам не подобається? Чи заздрили ми комусь, хто добре живе, або відчували у зв'язку з цим розчарування?

Далі, «любов не величається, не надимається» (вірш 4). Навіть якщо ззовні здається, що ми прославляємо Господа, якщо ми бажаємо отримати визнання, якщо ми виставляємо себе, не звертаємо уваги на інших, вчимо їх з точки зору своєї позиції або влади, це називається пихою і гордістю.

Крім того, любов «не поводиться нечемно, не шукає тільки свого, не рветься до гніву, не думає лихого» (вірш 5). Наша образлива поведінка по відношенню до Бога і людей, наші мінливі серця і думки, наша спроба бути вищими за інших, наші погані почуття, що з'являються дуже легко, наша схильність думати погано про інших, та інші якості не можуть бути проявом любі.

До того ж, любов «не радіє з неправди, але тішиться правдою» (вірш 6). Якщо ми маємо любов, ми повинні завжди ходити в істині і радіти істині. Як написано в 3 Посланні Івана 1:4: «Я не маю більшої радости від цієї, щоб чути, що діти мої живуть у правді». Джерелом нашого задоволення і щастя повинна бути істина.

І, нарешті, любов «усе зносить, вірить у все, сподівається всього, усе терпить» (вірш 7). Ті, хто дійсно люблять Бога, дізнаються волю Бога, а отже починають в усе вірити. Коли люди дивляться вперед і щиро вірять у повернення нашого Господа, у воскресіння віруючих, у небесні нагороди та інше, вони сподіваються на Небесне Царство, терплять всі труднощі і намагаються виконати Його волю.

Для того, щоби явити свідоцтва Своєї любові до тих, хто кориться істині: добру, любові та іншим якостям, які записані в Біблії, Бог, Який є Світло, дарує їм Свою силу. Він також бажає зустріти всіх, хто намагається ходити у світлі, і дати їм Свою відповідь.

В ім'я Господа нашого Ісуса Христа я молюся про те, щоби люди, які бажають отримати Божі благословення і відповіді, досліджуючи себе і розкриваючи своє серце, приготували себе як добрі посудини для Бога і відчули Його силу!

Послання 6

Відкриються очі сліпим

Євангеліє від Івана 9:32-33

Відвіку
не чувано,
щоб хто очі відкрив був
сліпому з народження.
Коли б не від Бога був Цей,
Він нічого не міг би чинити.

У Книзі Дії 2:22 учень Ісуса Петро після отримання Святого Духа звертався до юдеїв, цитуючи слова пророка Йоіла: «Мужі ізраїльські, послухайте ви оцих слів: Ісуса Назарянина, Мужа, що Його Бог прославив вам силою, і чудами, і тими знаменами, що Бог через Нього вчинив серед вас, як самі ви те знаєте». Великі прояви сили, знамень і див свідчили про те, що Ісус, Якого розіп'яли юдеї, дійсно був Месією, про прихід Якого говорили пророки у Старому Заповіті.

Крім того, сам Петро являв Божу силу після того, як отримав силу Святого Духа. Він зцілив кривого жебрака (Книга Дії 3:8). Люди навіть виводили хворих на вулиці і клали їх на ложах і ношах, щоби хоча б тінь Петра впала на когось із них (Книга Дії 5:15).

Оскільки сила – це свідчення, яким підтверджується присутність Бога у тому, хто являє Його силу, а також істинний шлях для сіяння зерна віри у серцях невіруючих, Бог дав силу тим, кого вважав достойним.

Ісус зціляє сліпого від народження

Розповідь в Євангелії від Івана 9 починається з того, що Ісус проходив повз чоловіка, який від народження був сліпим. Учні Ісуса запитали, чому чоловік сліпий від народження. «Учителю, хто згрішив: чи він сам, чи батьки його, що сліпим він родився?» (вірш 2). Ісус пояснив, що чоловік народився сліпим, щоби діла Божі з'явились на ньому (вірш 3). Потім Ісус сплюнув на землю, і з слини грязиво зробив і очі сліпому помазав грязивом. А потім наказав: «Піди, умийся в ставку Сілоам» (вірш 6-7). Чоловік послухався і одразу умився у ставку Сілоам і став видющим.

Хоча в Біблії записані історії інших людей, котрих зцілив Ісус, історія цього сліпого відрізняється від інших. Чоловік не просив, щоби Ісус зцілив його. Навпаки, Ісус Сам підійшов до нього і повністю зцілив його.

Тож чому сліпий від народження отримав таку величезну милість?

По-перше, чоловік був покірним.

Для звичайної людини те, що зробив Ісус, не мало змісту: Ісус сплюнув на землю, зробив грязиво, помазав очі сліпому грязивом і сказав чоловікові, щоби той пішов до ставка Сілоам і умився у ньому. Здоровий глузд не дозволяє такій людині повірити, що очі сліпого від народження можуть відкритися після того, як покласти на очі грязиво і умитися водою. Крім того, якщо ця людина почула наказ, не знаючи, хто такий Ісус, він сам, а також більшість людей не лише не будуть вірити, але й розгніваються. Однак з тим чоловіком такого не відбулося. Чоловік послухався наказу Ісуса і умився у ставку Сілоам. Дивовижним чином його очі, які нічого не бачили від народження, відкрилися, і чоловік став зрячим.

Якщо ви вважаєте, що Слово Боже не узгоджується зі здоровим глуздом або життєвим досвідом людини, спробуйте покоритися Його Слову покірним серцем, як зробив це чоловік сліпий від народження. Тоді милість Божа зійде на вас і ви одразу відчуєте те, що відчув сліпий від народження, чиї очі відкрилися у ту ж мить.

По-друге, духовні очі чоловіка сліпого від народження, який міг розрізнити істину від неправди, були відкритими.

З розмови сліпого з юдеями, яка відбулася після його одужання, ми можемо дізнатися про те, що тоді як фізичні очі його були закриті, але душа була доброю, він міг відрізнити правду від неправди. Навпаки, юдеї були духовно сліпими і бачили все лише у межах закону. Коли юдеї поцікавилися подробицями зцілення, чоловік, котрий був сліпим, сміливо промовив: «Чоловік, що Його звуть Ісусом, грязиво зробив, і очі помазав мені, і до мене сказав: Піди в Сілоам та й умийся. Я ж пішов та й умився, і став бачити» (вірш 11).

Юдеї не повірили і допитувалися в чоловіка, котрий колись був сліпим: «Що ти кажеш про Нього, коли очі відкрив Він тобі? А той відказав: Він Пророк!» (вірш 17). Чоловік подумав: якщо Ісус такий могутній, що здатний зцілити сліпоту, Він має бути пророком. Юдеї іронічно докоряли чоловікові: «Віддай хвалу Богові. Ми знаємо, що грішний Отой Чоловік» (вірш 24).

Чи логічне їхнє ствердження? Бог не відповідає на молитви грішника. Він також не дає грішнику силу відкривати очі сліпим, щоби той не отримав слави. Хоча юдеї не могли ні повірити, ані зрозуміти цього, чоловік, який колись був сліпим, продовжував робити сміливі і справедливі визнання: «Та ми знаємо, що грішників Бог не послухає; хто ж богобійний, і виконує волю Його, того слухає Він. Відвіку не чувано, щоб хто очі відкрив був сліпому з народження. Коли б не від Бога був Цей, Він нічого не міг би чинити» (вірші 31-33).

Оскільки від часу створіння ще нікому не були відкриті очі, які від народження не бачили, той, хто чув новину від чоловіка, який прозрів, мав радіти і святкувати подію разом з ним. Замість цього серед юдеїв розповсюдилося засудження, і ворожість. Оскільки юдеї були надто неосвіченими у духовному плані, вони вважали, що роботою Бога була саме їхня протидія тому, що відбувалося. Однак у Біблії нам говориться про те, що лише Бог може відкрити очі сліпим.

У Псалмі 145:8 написано: «Господь очі сліпим відкриває, Господь випростовує зігнутих, Господь милує праведних!». У Книзі пророка Ісаї 29:18 читаємо: «І в той день слова книжки почують глухі, а очі сліпих із темноти та з темряви бачити будуть». Також у Книзі Ісаї 35:5 написано: «Тоді то розплющаться очі сліпим і відчиняться вуха глухим». Слова «в той день» і «тоді» означають час, коли Ісус прийшов і відкрив очі сліпим.

Незважаючи на ці уривки і нагадування, через свою зловісність і жорсткість, юдеї не могли повірити у дію Бога, явлену через Ісуса, і замість цього звинувачували Ісуса, говорячи, що Він – грішник, котрий не кориться Слову Божому. Хоча той чоловік, який отримав зцілення, не дуже знав закон, по совісті своїй йому була відома істина: Бог не чує грішників. Той чоловік також знав, що зцілити сліпоту міг лише Бог.

По-третє, отримавши милість Божу, чоловік, який був сліпим, прийшов до Господа і вирішив жити абсолютно новим життям.

Досі я був свідком багатьох випадків у Центральній Церкві Манмін, коли люди, стоячи на порозі смерті, отримували силу і відповіді для вирішення всіх проблем у житті. Однак я журюся за тих людей, чиї серця змінюються навіть після того, як вони отримали милість Божу, і за інших, які залишили свою віру і повернулися на шлях, яким іде світ. Коли у житті цих людей відбувається щось погане, коли вони страждають фізично, вони зі сльозами починають молитися: «Коли я одужаю, я житиму лише для Господа».

«Мамо,
мені сліпить очі...
Я вперше
побачила світло...
Я ніколи не думала,
що таке можливо зі мною...»

Дженіфер Родрігес з Філіпін,
сліпа від народження,
прозріла у віці восьми років

Коли вони отримують зцілення і благословення, задовольнившись, вони забувають про милість і залишають істину. Навіть якщо вирішилися їхні фізичні проблеми, все це марно, бо їхня душа віддалилася від шляху спасіння і прямує до пекла.

Чоловік, який був сліпим від народження, мав добре серце, яке не цуралося милості. Тому коли він зустрів Ісуса він не лише одужав, але й отримав благословення спасіння. Коли Ісус запитав його: «Чи віруєш ти в Сина Божого?», чоловік відповів: «Хто ж то, Пане, Такий, щоб я вірував у Нього?» (вірші 35-36). Тоді Ісус промовив: «І ти бачив Його, і Той, Хто говорить з тобою то Він!...», а чоловік визнав: «Я вірую, Господи!» (вірші 37-38). Чоловік не просто «вірив»; він прийняв Ісуса як Христа. То була тверда сповідь, у якій чоловік вирішив іти лише за Господом і жити лише для Господа.

Бог бажає, щоби всі ми прийшли до Нього з таким серцем. Він бажає, щоби ми шукали Його не лише тому що Він зціляє від хвороб і благословляє нас. Він бажає, щоби ми розуміли Його істинну любов, яка щедро віддала Його єдиного Сина за нас, і прийняли Ісуса як свого Спасителя. Крім того, ми повинні любити Його не лише словами, але й

«Серце вело мене у те місце…

Мені потрібна була лише милість…

Бог дав мені величезний подарунок.
Щасливішим за той факт,
що тепер я можу бачити
є те,
що я зустріла живого Бога!»

Марія з Гондурасу,
яка з двох років
не могла бачити правим оком,
почала знову бачити після молитви
Доктора Джерок Лі

вчинками за Словом Божим. Він говорить нам у 1 Посланні Івана 5:3: «Бо то любов Божа, щоб ми додержували Його заповіді, Його ж заповіді не тяжкі». Якщо ми дійсно любимо Бога, ми повинні відкинути все лихе, що є в нас, і кожного дня ходити у світлі.

Коли ми просимо Бога про щось з такою вірою і любов'ю, чи може Він нам не відповісти? В Євангелії від Матвія 7:11 Ісус обіцяє нам: «Тож як ви, бувши злі, потрапите добрі дари своїм дітям давати, скільки ж більше Отець ваш Небесний подасть добра тим, хто проситиме в Нього!» Вірте, що наш Бог-Отець відповість на молитви Своїх улюблених дітей.

Тому неважливо, з якою хворобою або з якою проблемою ви звертаєтеся до Бога. Якщо ви говорите: «Я вірую, Господи!», і ці слова виходять прямо з вашого серця, коли ви чините справи віри, Господь, Який зцілив чоловіка, що від народження був сліпим, зцілить будь-яку хворобу, перетворить неможливе на можливе і вирішить всі ваші життєві проблеми.

У Центральній Церкві Манмін відкриваються очі сліпим

«Лікарі сказали мені,
що скоро я осліпну…
Світ почав тьмяніти для мене…

Дякую, Тобі, Господь,
за те, що дав мені світло…

Я чекав на Тебе…»

Преподобний Рікардо Моралес із Гондурасу,
який майже зовсім осліп
після нещасливого випадку,
але прозрів.

Від свого заснування у 1982 році Церква Манмін дуже прославила Бога, відкриваючи очі багатьом сліпим. Багато людей, які були сліпими від народження, після молитви отримали можливість бачити. У багатьох інших, чий зір погіршився, хто носив окуляри або контактні лінзи, -- відновився. Серед безлічі дивовижних свідоцтв я відібрав декілька історій.

Коли у липні 2002 року я проводив Велику Об'єднану Кампанію у Гондурасі, я познайомився з дванадцятирічною дівчинкою на ім'я Марія. Вона перестала бачити на на праве око після тяжкої лихоманки, яку перенесла у дворічному віці. Її батьки робили декілька марних спроб відновити зір. Не допомогла навіть пересадка рогової оболонки. За наступні десять років після невдалої трансплантації Марія перестала бачити світло правим оком.

Тоді у 2002 році, маючи щире бажання отримати милість Божу, Марія прийшла на кампанію. Я помолився за неї, вона почала бачити світло, і скоро її зір відновився. Силою Бога відновилися нерви у правому оці, котрі колись відмерли. Це дивовижно! Незліченна кількість людей у Гондурасі святкували і проголошували: «Бог дійсно живий і діє навіть у наш час!»

Пастор Рікардо Моралес майже осліп, але отримав абсолютне зцілення свіжою водою Муану. За сім років до кампанії у Гондурасі пастор Рікардо потрапив у дорожньо-транспортну пригоду. Сітчаста оболонка ока була дуже пошкоджена, була сильна кровотеча. Лікарі сказали пастору Рікардо, що він поступово втрачатиме зір і зрештою осліпне. Однак він одужав на перший день Конференції для церковних лідерів у Гондурасі у 2002 році. Почувши Слово Боже, пастор Рікардо з вірою змочив свої очі свіжою водою Муану, і на його подив за мить він став чіткіше бачити навколишні предмети. Спочатку, оскільки він не очікував нічого подібного, пастор Рікардо не міг у це повірити. Того вечора, пастор Рікардо прийшов на перше заняття кампанії в окулярах. Потім, зненацька, лінзи злетіли з його окулярів і він почув голос Святого Духа: «Якщо ти не знімеш свої окуляри зараз, ти осліпнеш». Пастор Рікардо зняв окуляри і зрозумів, що бачить все чітко. Його зір відновився, і він велично прославив Бога.

У Церкві Манмін у Найробі, Кенія, один юнак на ім'я Комбо приїхав у своє рідне місто, яке знаходиться приблизно на відстані 400 кілометрів від церкви. Під час свого візиту юнак проповідував Євангеліє своїм рідним, розповідав їм про дивовижну дію сили Бога, яка відбувається у Центральній Церкві Манмін у Сеулі. Він молився за них з хусткою, над якою раніше помолився я. Комбо також подарував рідним календар, надрукований у церкві.

Після проповіді бабуся Комбо, яка була сліпою, маючи щире бажання у серці, подумала: «Мені б теж хотілося побачити фотографію доктора Джерок Лі». При цьому вона тримала календар перед собою. Те, що сталося, було дійсно дивом. Як тільки бабуся розгорнула календар, її очі відкрилися, і вона змогла побачити фотографію. Алілуя! Рідні Комбо побачили власними очима дію сили, яка відкрила очі сліпій людині, і повірили в живого Бога. Крім того, коли звістка про цей випадок розлетілася по селу, люди просили, щоби у них також заснували філіал церкви.

Завдяки дії сили Бога зараз існують тисячі філіалів Церкви Манмін по всьому світу, і Євангеліє святості проповідується всюди. Якщо ви визнаєте і вірите у дію сили Бога, ви також можете стати спадкоємцем Його благословень.

Оскільки та історія відбулася у часи життя Ісуса на землі, замість того, щоб радіти і прославляти Бога разом, багато людей сьогодні засуджують, обвинувачують і говорять погано про дію Святого Духа. Ми повинні розуміти, що це – страшний гріх, про який Ісус більш детально розповідає в Євангелії від Матвія 12:31-32: «Тому то кажу вам: усякий гріх, навіть богозневага, проститься людям, але богозневага на Духа не проститься! І як скаже хто слово на Людського Сина, то йому проститься те; а коли скаже проти Духа Святого, не проститься того йому ані в цім віці, ані в майбутнім!»

Щоби не перешкоджати дії Святого Духа, але відчувати дію сили Бога, ми повинні приймати Його дію і бажати її здійснення, як чоловік, сліпий від народження, про якого розповідається в Євангелії від Івана 9. В залежності від того, як приготували себе люди у якості посудин для отримання відповідей від віри, лише деякі відчують дію сили Бога.

Як написано у Псалмі 17:26-27: «Із справедливим поводишся Ти справедливо, із чесним по-чесному, із чистим поводишся чисто, а з лукавим за лукавством його». В ім'я

Господа нашого Ісуса Христа Я молюся про те, щоби кожен з вас, віруючи в Бога, Котрий нагороджує нас за справами нашими і за проявом наших справ віри, успадкував Його благословення!

Послання 7

Люди вставатимуть, стрибатимуть і ходитимуть

Євангеліє від Марка 2:3-12

*І прийшли ось до Нього, несучи розслабленого,
якого несли четверо.
А що через народ до Нього наблизитися не могли,
то стелю розкрили, де Він був,
і пробравши, звісили ложе, що на ньому лежав
розслаблений.
А Ісус, віру їхню побачивши, каже розслабленому:
Відпускаються, сину, гріхи тобі!
Там же сиділи дехто з книжників,
і в серцях своїх думали:
Чого Він говорить отак?
Зневажає Він Бога... Хто може прощати гріхи, окрім
Бога Самого?
І зараз Ісус відчув Духом Своїм,
що вони так міркують собі,
і сказав їм: Що таке ви в серцях своїх думаєте?
Що легше: сказати розслабленому:
Гріхи відпускаються тобі, чи сказати: Уставай,
візьми ложе своє та й ходи?
Але щоб ви знали, що Син Людський
має владу прощати гріхи на землі,
каже розслабленому:
Тобі Я наказую: Уставай, візьми ложе своє, та й іди у
свій дім!
І той устав, і негайно взяв ложе,
і вийшов перед усіма,
так що всі дивувались і славили Бога, й казали:
Ніколи такого не бачили ми!*

В Біблії розповідається про те, як у часи життя Ісуса на землі багато людей, які були паралізовані або криві, повністю одужали і велично прославили Бога. Як обіцяв нам Бог у Книзі пророка Ісаї 35:6: «Тоді буде скакати кривий, немов олень, і буде співати безмовний язик, бо води в пустині заб'ють джерелом, і потоки в степу!» І знову у Книзі пророка Ісаї 49:8 читаємо: «Так говорить Господь: За часу вподобання Я відповів Тобі, в день спасіння Тобі допоміг, і стерегтиму Тебе, і дам Я Тебе заповітом народові, щоб край обновити, щоб поділити спадки спустошені». Бог не лише відповість нам, але й приведе нас до спасіння.

Сьогодні це постійно засвідчується у Центральній Церкві Манмін, де завдяки дії дивовижної сили Бога багато пацієнтів почали ходити, вставати з інвалідних візочків і ходити без допомоги милиць.

Яку віру показав розслаблений в Євангелії від Марка 2, коли постав перед Ісусом і отримав спасіння і благословення відповідей? Я молюся про те, щоби ті з вас, котрі зараз не можуть ходити через хворобу, підвелися, почали ходити і знову могли бігати.

Розслаблений почув новину про Ісуса

В Євангелії від Марка 2 детально розповідається про чоловіка, який отримав зцілення від Ісуса, коли Він прийшов у Капернаум. У тому місті жив дуже бідний чоловік, який був розслаблений, він не міг навіть сидіти самостійно і жив лише тому, що не міг померти. Однак він почув новину про Ісуса, Котрий відкривав очі сліпим, розпрямляв кривих, виганяв нечистих духів і зціляв людей від різних хвороб. Оскільки чоловік мав добре серце, почувши про Ісуса, він дуже захотів зустрітися з Ним.

Одного разу розслаблений почув, що Ісус прийшов у Капернаум. Напевно чоловік дуже зрадів, бо сподівався побачити Його. Однак розслаблений не міг пересуватися самостійно, тож попросив своїх друзів, щоби вони принесли його до Ісуса. На щастя вони погодилися допомогти товаришу, оскільки теж добре знали про Ісуса.

Розслаблений і його друзі приходять до Ісуса

Розслаблений і його друзі підійшли до будинку, в якому проповідував Ісус, але через великий натовп не могли знайти місця біля дверей, а тим більше не змогли пройти у будинок. Обставини не дозволяли розслабленому і його друзям постати перед Ісусом. Можливо, вони просили людей: «Будь ласка, розступіться! В нас дуже хвора людина на ноші». Однак будинок і простір поблизу був переповнений людьми. Якби у розслабленого і його друзі була мала віра, можливо, вони повернулися б додому, так і не побачивши Ісуса.

Проте друзі не відмовилися від свого задуму і проявили віру. Обміркувавши варіанти зустрічі з Ісусом, і вирішивши використати останній спосіб, друзі почали робити отвір у стелі над Ісусом і розбирати стелю. Вони були готові вибачитися перед власником будинку і пізніше відшкодувати йому збитки, адже вони відчайдушно намагалися зустрітися з Ісусом і отримати зцілення.

Віра підтверджується справами, а справи віри можуть проявлятися лише тоді, коли ви принижуєте себе, маючи при цьому покірне серце. Чи думали ви коли-небудь або промовляли до себе: «Я дуже хотів/хотіла б піти до церкви, але мені не дозволяє стан мого здоров'я»? Якби розслаблений сотні разів повторював: «Господь, я вірю в те, що Ти знаєш, що я не можу прийти і зустріти Тебе, бо я паралізований. Я також вірю в те, що Ти вилікуєш мене навіть коли я лежу у ліжку», чи можна було б стверджувати, що він явив свою віру?

Незалежно від того, скільки це йому коштувало, розслаблений дістався до Ісуса щоби отримати зцілення. Хворий вірив і був упевнений у тому, що одужає після зустрічі з Ісусом, тож попросив своїх друзів піднести його до Ісуса. Крім того, оскільки друзі також вірили, вони могли послужити своєму паралізованому товаришу навіть зробивши отвір у стелі будинку незнайомої людини.

Якщо ви справді вірите у те, що одужаєте з допомогою Бога, ваш візит до Нього свідчитиме про вашу віру. Тому після того, як друзі хворого зробили отвір у стелі, вони спустили ложе з розслабленим, так він зміг побачив Ісуса. У ті часи дахи в Ізраїлі були плоскими, а біля кожного будинку були сходи, які дозволяли людям легко збиратися на дах. До того ж черепицю можна було легко розібрати. Такі пристосування дозволили розслабленому дістатися до Ісуса ближче, ніж будь-кому.

Ми можемо отримувати відповіді, вирішивши проблему гріха

З Євангелія від Марка 2:5 ми дізнаємося про те, що Ісус дійсно задоволений справами віри, які вчинив розслаблений. Для чого Ісус сказав розслабленому перед його зціленням: «Відпускаються, сину, гріхи тобі!»? Це тому що спочатку людині мають простися її гріхи.

У Книзі Вихід 15:26 Бог говорить нам: «Коли дійсно будеш ти слухати голосу Господа, Бога твого, і будеш робити слушне в очах Його, і будеш слухатися заповідей Його, і будеш виконувати всі постанови Його, то всю хворобу, що Я поклав був на Єгипет, не покладу на тебе, бо Я Господь, Лікар твій!» Тут «вся хвороба, що Я поклав на Єгипет» означає будь-яку хворобу, відому людям. Отже коли ми слухаємося Його наказів і живемо за Його Словом, Бог захистить нас таким чином, що жодна хвороба ніколи не здолає нас. До того ж, у Книзі Повторення закону 28 Бог обіцяє: якщо ми будемо покірними і житимемо за Його Словом, жодна хвороба ніколи не зашкодить нашому тілу. В Євангелії від Івана 5 після зцілення чоловіка, який хворів тридцять дев'ять років, Ісус сказав йому: «Не гріши ж уже більше, щоб не сталось тобі чого гіршого!» (вірш 14).

Всі хвороби походять від гріха. Тож перед зціленням розслабленого Ісус спочатку простив його. Однак якщо людина постає перед Ісусом, це не завжди закінчується прощенням. Для того, щоби отримати зцілення, ми спочатку повинні покаятися у своїх гріхах і відвернутися від них. Якщо ви були грішником, ви повинні більше не грішити. Якщо ви говорили неправду, ви повинні покинути цю звичку. Якщо ви ненавиділи інших, ви не повинні більше цього робити. Бог прощає лише тих, хто кориться Слову. До того ж, якщо ми промовляємо: «Я вірую», це не дарує вам прощення. Коли ми ходимо у світлі, кров нашого Господа очищає нас від всякого гріха (1 Послання Івана 1:7).

Силою Бога паралізований почав ходити

В Євангелії від Марка 2 ми читаємо про те, що після отримання прощення гріхів, паралізований встав, взяв своє ложе і вийшов, так що всі люди бачили це. Чоловіка принесли на ложі до Ісуса. Однак хворий одужав у ту мить, коли Ісус сказав Йому: «Відпускаються, сину, гріхи тобі!» (вірш 5). Однак замість того, щоби радіти, книжники сперечалися. Коли Ісус сказав розслабленому: «Відпускаються, сину, гріхи тобі!», вони подумали: «Чого Він говорить отак? Зневажає Він Бога... Хто може прощати гріхи, окрім Бога Самого?» (вірш 7).

Тоді Ісус промовив до них: «Що таке ви в серцях своїх думаєте? Що легше: сказати розслабленому: Гріхи відпускаються тобі, чи сказати: Уставай, візьми ложе своє та й ходи? Але щоб ви знали, що Син Людський має владу прощати гріхи на землі» (вірші 8-10). Розказавши їм про провидіння Боже, Ісус сказав розслабленому: «Тобі Я наказую: Уставай, візьми ложе своє, та й іди у свій дім!» (вірш 11). У ту ж мить чоловік встав і пішов. Інакше кажучи, якщо розслаблений одужав, це означало, що він отримав прощення, і що Бог поручився за кожне слово, мовлене Ісусом. Це свідчить також про те, що всемогутній Бог дає поручителя для людства – Ісуса Христа, нашого Спасителя.

Історії людей: вони встають, стрибають і ходять

В Євангелії від Івана 14:11 Ісус говорить нам: «Повірте Мені, що Я в Отці, а Отець у Мені! Коли ж ні, то повірте за вчинки самі». Отже ми повинні вірити, що Бог-Отець та Ісус – одне, бо ми бачили, як розслаблений, який постав перед Ісусом у вірі, отримав прощення, і за словом Ісуса встав, стрибав і пішов.

У Наступному вірші Євангелія від Івана 14:12 Ісус також

говорить нам: «Поправді, поправді кажу вам: Хто вірує в Мене, той учинить діла, які чиню Я, і ще більші від них він учинить, бо Я йду до Отця». Оскільки я вірив Слову Божому на сто відсотків, після того, як я був покликаний бути Його слугою, я багато молився і постився, щоби отримати Його силу. В результаті свідоцтва про зцілення людей від хвороб, з якими не могла впоратися сучасна медицина, почали переповнювати Церков Манмін від самого її заснування.

Кожного разу церков як єдине ціле проходила переживання благословеннями. Швидкість, з якою одужували пацієнти, збільшилася, і серйозні хвороби зцілилися. Завдяки щорічним двотижневим Особливим Зборам Духовного Відродження, які проводилися з 1993 по 2004 роки, та завдяки всесвітнім Великим Об'єднаним Кампаніям величезна кількість людей по всьому світу відчула дивовижну силу Бога.

Серед численних прикладів, коли люди підводилися, стрибали і ходили, хотілося б виділити декілька.

Чоловік підвівся на ноги після дев'яти років перебуванні в інвалідному візку

Перше свідоцтво – диякон Юнсуп Кім. У травні 1990 року він впав з висоти п'ятиповерхового будинку під час виконання електромонтажних робіт у науковому містечку Тедок, Південна Корея. Це трапилося до того, як Кім повірив в Бога.

Одразу після падіння його відвезли до Лікарні Сан у місті Юсун, провінція Чунам, де шість місяців він пролежав у комі. Однак після виходу із коми біль від тиску і переломів у 11 і 12 грудних хребцях, а також від грижі у 4 і 5 поперекових хребцях була нестерпною. Лікарі попередили Кіма, що його становище було критичним. Багато разів йому надавали допомогу в інших лікарнях. Однак становище хворого не змінювалося, покращення не відбувалося, і Кімові поставили діагноз: перша ступінь непрацездатності. Кім завжди повинен був носити спеціальний ремінь, що підтримував хребет. Крім того, оскільки він не міг лягти на ліжко, йому доводилося спати сидячи.

У цей важкий період Кім прийняв Христа і прийшов у Церкву Манмін, де почав своє християнське життя. Коли Кім відвідував Особливі Збори Божественного Зцілення у

«Мої ноги і спина не
згинаються...
моє тверде серце...

Я не міг лягти,
не міг ходити...
на кого мені покластися?

Хто мене пожаліє?
Як мені жити?»

Диякон Юнсуп Кім
у своєму ремені в інвалідному візку.

*«Алілуя!
Бог -- живий!
Ви бачите? Я можу ходити!»*

Диякон Кім радіє
з іншими членами Церкви Манмін
після зцілення
через молитву
Доктора Джерок Лі

листопаді 1998 року, з ним сталося щось неймовірне. До початку Зборів він не міг лягати на спину або самостійно користуватися туалетом. Після моєї молитви він підвівся зі свого інвалідного візка і пішов за допомогою милиць.

Для того, щоби отримати повне зцілення, диякон Кім вірно відвідував всі богослужіння і збори, продовжуючи молитися. Крім того, маючи щире бажання, готуючись до сьомих двотижневих Особливих Зборів Духовного Відродження у травні 1999 року, він постився протягом двадцяти одного дня. Коли я з кафедри молився за хворих під час першого засідання Зборів, диякон Кім відчув, як сильний промінь світла осяяв його, він побачив видіння, ніби він біжить. На другому тижні Зборів, коли я поклав на Кіма руки і помолився за нього, він відчув, що його тіло стало легшим. Коли вогонь Святого Духа зійшов на його ноги, йому була дана сила, досі йому невідома. Він відкинув свій ремінь, що підтримував спину, та милиці, пройшовся без ускладнень і вільно покрутився у талії.

Силою Бога диякон Кім почав ходити як здорова людина. Тепер він навіть їздить на велосипеді і старанно служить у церкві. Крім того, не так давно диякон Кім одружився. Тепер він дійсно щасливий.

Чоловік встав з інвалідного візка після молитви над хусткою

У Церкві Манмін відбуваються видовищні події, які записані в Біблії, та надзвичайні дива. Через них Бог ще більше прославляється. Серед таких подій і див – прояв сили Бога через хустки.

У Книзі Дії 19:11-12 ми знаходимо такі слова: «І Бог чуда чинив надзвичайні руками Павловими, так що навіть хустки й пояси з його тіла приносили хворим, і хвороби їх кидали, і духи лукаві виходили з них». Подібно до цього, коли люди беруть хустки, над якими я помолився, або будь-які предмети з мого тіла і приносять хворим, відбуваються дивовижні справи зцілення. Внаслідок цього багато країн і народів по всьому світу попросили нас проводити в них хусткові кампанії. Крім того, безліч людей у країнах Африки, у Пакистані, Індонезії, на Філіпінах, у Гондурасі, Японії, Китаї, Росії та багатьох інших країнах також відчувають «надзвичайні дива».

У квітні 2001 року один із пасторів Церкви Манмін проводив хусткову кампанію в Індонезії, де багато людей отримали зцілення і прославили живого Бога. Серед них був колишній губернатор, котрий пересувався на інвалідному візку. Коли він одужав після хусткової молитви, ця подія скоро перетворилася на нову велику історію.

У травні 2003 року інший пастор Церкви Манмін проводив хусткову кампанію у Китаї, де серед інших випадків одужання був чоловік, який тридцять чотири роки пересувався на милицях. Тепер він може ходити самостійно.

На Фестивалі Чудесного Зцілення і Молитви в Індії у 2002 році Ганеш відкидає свої милиці

На Фестивалі Чудесного Зцілення і Молитви у 2002 році, котрий проходив на Морському Березі у місті Ченнаі у переважно індуській частині Індії, зібралося більше трьох мільйонів людей. Вони свідчили з перших рук про дійсно дивовижну дію сили Бога. І багато з них навернулися у Христа. Перед цією кампанією темп випадків, коли негнучкі кістки ставали гнучкими, змертвілі нервові закінчення відновлювалися, був повільним. Починаючи з кампанії в Індії робота зцілення багато разів порушувала спокій людського тіла.

Серед тих, хто отримав зцілення, був шістнадцятирічний хлопець на ім'я Ганеш. Він впав з велосипеда, вдарився

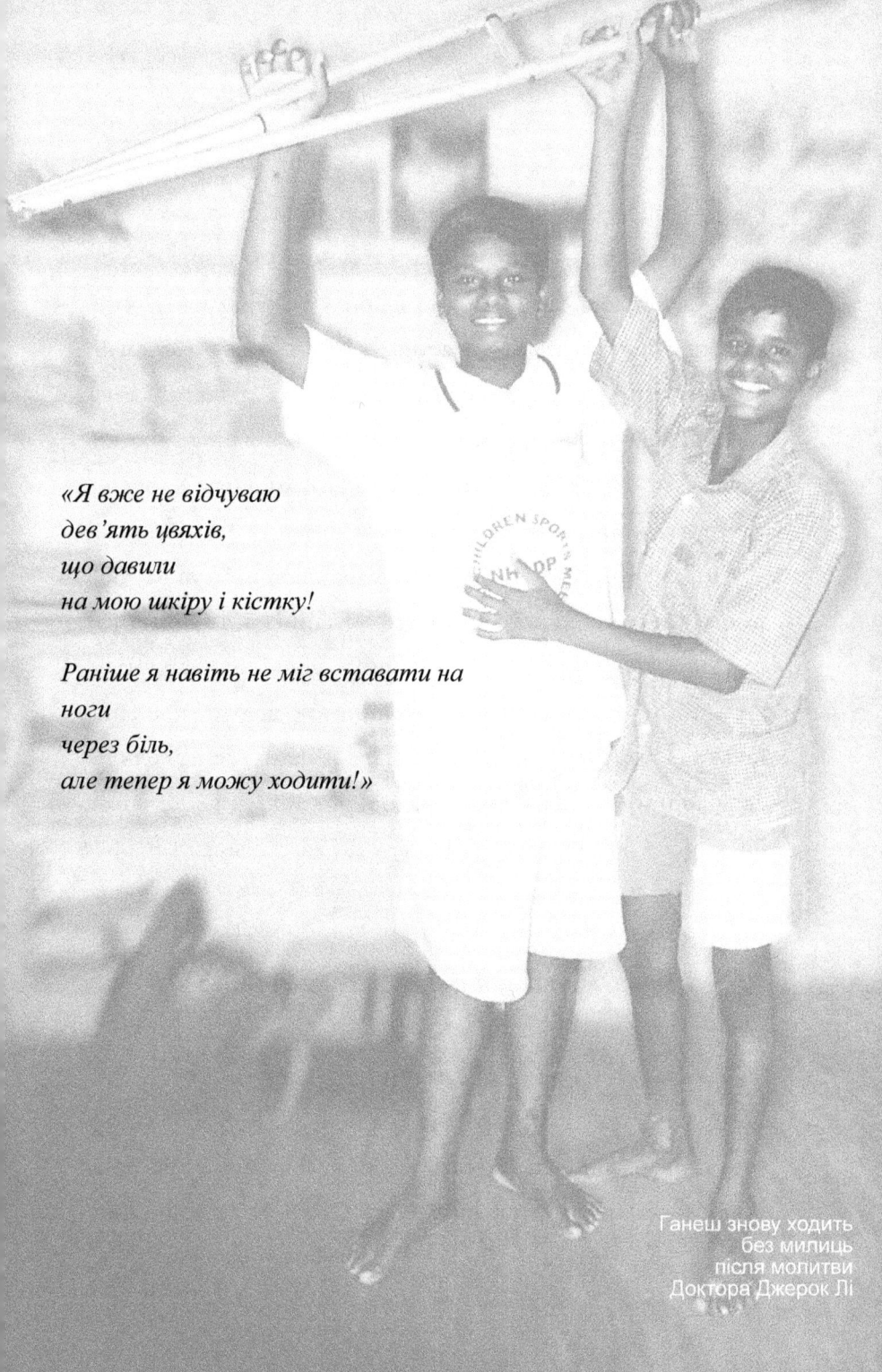

«Я вже не відчуваю
дев'ять цвяхів,
що давили
на мою шкіру і кістку!

Раніше я навіть не міг вставати на ноги
через біль,
але тепер я можу ходити!»

Ганеш знову ходить
без милиць
після молитви
Доктора Джерок Лі

ногою і забив тазову кістку. Тяжке матеріальне положення в сім'ї не дозволило йому отримати належне лікування. Через рік у кісці утворилася пухлина і її довелося видалити. Лікарі вставили тонку металеву пластину між стегновою кісткою і залишком тазової кістки, скріпивши все дев'ятьма цвяхами. Хлопець мучився від нестерпного болю. Кріплення не давали можливості ходити сходами вверх і вниз. Хлопець пересувався за допомогою милиць.

Почувши про кампанію, Ганеш прийшов і відчув на собі полум'яну дію Святого Духа. На другий із чотирьох днів кампанії, після «Молитви за хворих» він відчув жар у тілі, ніби його помістили у казан з киплячою водою. Хлопець перестав відчувати біль. Ганеш відразу піднявся на сцену і свідчив про своє зцілення. Відтоді він ніколи не відчував болю, почав вільно ходити без милиць і навіть бігати.

У Дубаї жінка встає зі свого інвалідного візка

У квітні 2003 року, під час мого перебування у Дубаї, Об'єднані Арабські Емірати, одна індіанка встала зі свого інвалідного візка після того, як я помолився. Вона була розумною жінкою, отримала освіту у США. Через проблеми

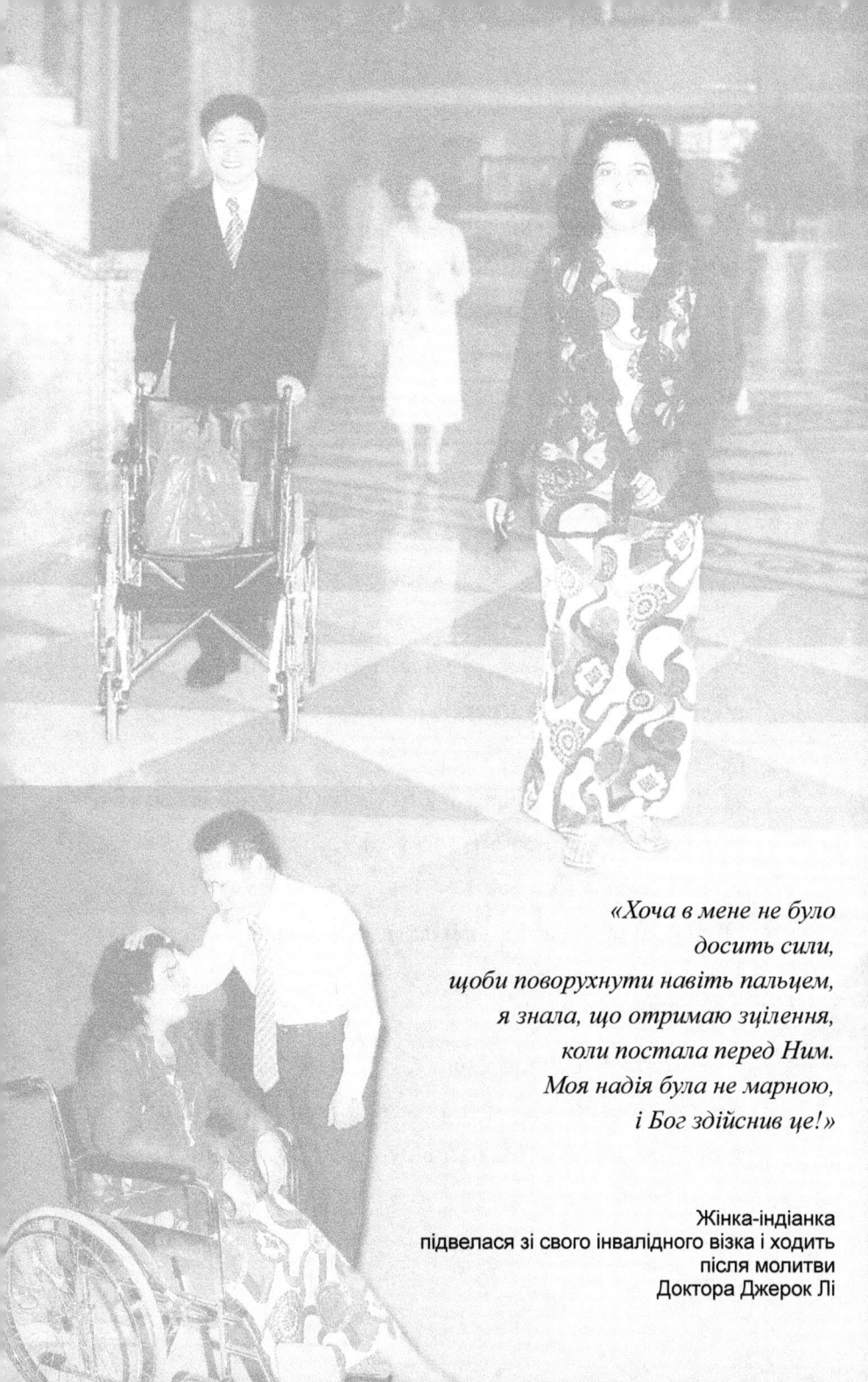

«Хоча в мене не було
досить сили,
щоби поворухнути навіть пальцем,
я знала, що отримаю зцілення,
коли постала перед Ним.
Моя надія була не марною,
і Бог здійснив це!»

Жінка-індіанка
підвелася зі свого інвалідного візка і ходить
після молитви
Доктора Джерок Лі

особистого характеру вона страждала від психічного шоку, який розвинувся внаслідок дорожньо-транспортної пригоди, а також його ускладнень.

Коли я вперше побачив цю жінку, вона не могла ходити, не мала сили говорити, не могла підняти свої окуляри, якщо вони впали. Вона говорила, що через слабкість не може писати і навіть підняти склянку з водою. Коли хтось ледве торкався її, вона відчувала нестерпний біль. Однак після молитви жінка одразу підвелася зі свого інвалідного візочка. Навіть я дуже здивувався, що ця жінка, яка ще декілька хвилин тому не мала достатньо сили говорити, підвелася, зібрала свої речі і вийшла з кімнати.

У Книзі пророка Єремії 29:11 написано: «Бо Я знаю ті думки, які думаю про вас, говорить Господь, думки спокою, а не на зло, щоб дати вам будучність та надію». Наш Бог-Отець полюбив нас так сильно, що не пожалів віддати за нас Свого Єдиного Сина.

Тому навіть якщо ваше життя було нещасним через фізичне безсилля, ви маєте надію жити щасливим і здоровим життям. Маючи віру в Бога-Отця. Він не хоче бачити Своїх дітей у переживаннях і стражданнях. Крім того, Він дуже бажає дати кожному мир, радість, щастя і майбутнє у цьому світі.

Завдяки історії про розслабленого, записаній у 2 главі Євангелія від Марка, ви дізналися про способи і методи отримання відповіді на бажання свого серця. В ім'я Господа нашого Ісуса Христа я молюся про те, щоби кожен з вас приготував посуд віри і отримав все, чого попросить!

Послання 8

Люди радітимуть, танцюватимуть і співатимуть

Євангеліє від Марка 7:31-37

І вийшов Він знов із країв тирських і сидонських,
і подався шляхом на Сидон над море Галілейське,
через околиці Десятимістя.
І приводять до Нього глухого немову,
і благають Його, щоб руку на нього поклав.
І взяв Він його від народу самого,
і вклав пальці Свої йому в вуха, і, сплюнувши,
доторкнувся його язика.
І, на небо споглянувши, Він зідхнув
і промовив до нього: Еффата; цебто: Відкрийся!
І відкрилися вуха йому,
і путо його язика розв'язалось негайно,
і він став говорити виразно!
А Він їм звелів, щоб нікому цього не розповідали.
Та що більше наказував їм,
то ще більш розголошували.
І дуже всі дивувалися та говорили:
Він добре все робить:
глухим дає чути, а німим говорити!

В Євангелії від Матвія 4:23-24 ми читаємо:

> І ходив Він по всій Галілеї, по їхніх синагогах навчаючи, та Євангелію Царства проповідуючи, і вздоровлюючи всяку недугу, і всяку неміч між людьми. А чутка про Нього пішла по всій Сирії. І водили до Нього недужих усіх, хто терпів на різні хвороби та муки, і біснуватих, і сновид, і розслаблених, і Він їх уздоровляв.

Ісус не лише проповідував Слово Боже і Євангеліє Царства, але також зціляв багатьох людей, які страждали від різних недугів. Зцілюючи недуги, проти яких люди були безсилі, проголошене Слово Ісуса закарбувалося у душах людей, і Він вірою повів їх на небеса.

Ісус уздоровлює глухого немову

В Євангелії від Марка 7 розповідається про те, як Ісус

вийшов знов із країв тирських і сидонських, і подався шляхом на Сидон над море Галілейське, через околиці Десятимістя. Там Він зцілив глухого немову. Якщо людину називали «немовою», це означало, що вона зіїкалася і говорила невиразно. Чоловік, про якого тут розповідається, вірогідно навчився говорити у дитинстві, а глухим став пізніше, і тепер був «немовою».

Взагалі «глухий немова» -- це той, хто не навчився говорити через глухоту, а «туговухість» (брадиакузія) означає утруднений слух. Стати глухонімою людина може від багатьох причин. Перша причина – спадковість. На другомі місці – природжена вада, якщо мати хворіла на краснуху або приймала неправильні ліки під час вагітності. Третя причина – якщо дитина хворіла на менінгіт у віці трьох-чотирьох років, коли вчилася говорити. У цих випадках людина може стати глухонімою. У випадку з брадикаузією, якщо була прорвана барабанна перетинка, полегшити вирішення проблеми можуть належні слухові апарати. Якщо ж проблема у слуховому нерві, жодні апарати не допоможуть. Існують інші випадки. Коли людина працює у шумних приміщеннях, або ослаблення слуху відбувається внаслідок старіння, вважається що це вилікувати неможливо.

До того ж, людина може оглухнути або оніміти внаслідок одержимості. В такому випадку якщо людина своєю духовною владою виганяє нечистих духів, хвора людина у ту ж мить може знову почати чути і говорити. В Євангелії від Марка 9:25-27, коли Ісус наказав нечистому духові, що був у німого хлопця: «Душе німий і глухий, тобі Я наказую: вийди з нього, і більше у нього не входь!» (вірш 25), нечистий дух у ту ж мить вийшов із хлопця, і той одужав.

Вірте у те, що якщо діє Бог, жодна хвороба або недуга не стануть для вас проблемою і не налякають. У Книзі пророка Єремії 32:27 ми читаємо: «Ось Я Господь, Бог кожного тіла: чи для Мене є щось неможливе?» У Псалмі 99:3 написано: «Знайте, що Господь Бог Він, Він нас учинив, і Його ми, Його ми народ та отара Його пасовиська». А у Псалмі 93:9 Бог нагадує нам: «Хіба Той, що ухо щепив, чи Він не почує? Хіба Той, що око створив, чи Він не побачить?» Якщо ми всім серцем віримо у всемогутнього Бога-Отця, Котрий створив наші вуха і очі, все буде можливо. Тому для Ісуса,

Котрий прийшов на землю у тілі, все можливо. Як ми дізнаємося із Євангелія від Марка 7, коли Ісус зцілив глухого немову, його вуха відкрилися і він став говорити виразно.

Якщо ми не просто віримо в Ісуса Христа, але й просимо у Бога Його сили, маючи зрілу віру, така сама дія, що записана у Біблії, відбуватиметься навіть у наш час. Про це у Посланні до євреїв 13:8 написано: «Ісус Христос учора, і сьогодні, і навіки Той Самий!» А у Посланні до ефесян 4:13 нам нагадується: «...аж поки ми всі не досягнемо з'єднання віри й пізнання Сина Божого, Мужа досконалого, у міру зросту Христової повноти».

Однак переродження частин тіла або глухоту і німоту, які настали внаслідок змертвіння нервових клітин, неможливо вилікувати даром зцілення. Зцілення відбудеться лише коли людина, яка досягла повної міри повноти Ісуса Христа, отримає силу і владу від Бога і молитиметься у відповідності до волі Бога.

Пісня подяки
людей,
які зцілилися від глухоти

*«Життям,
Яке Ти дав нам,
ми ходитимо
по землі,
прагнучи до Тебе.*

*Моя душа чиста, як кришталь,
іде до тебе».*

Дияконіса Напшім Парк прославляє Бога після зцілення від 55-річної глухоти

Прикади Божого зцілення глухих у Церкві Манмін

Мені довелося бути свідком багатьох випадків одужання від туговухості. Багато людей, котрі не могли чути від народження, починали чути. Двоє людей вперше у своєму житті почали чути у віці 55 і 57 років.

У вересні 2000 року, коли я проводив Фестиваль Чудесного Зцілення у місті Нагоя, Японія, тринадцять осіб, які страждали брадиакузією, отримали зцілення після моєї молитви. Ця новина дійшла до багатьох людей, які жили у Кореї і мали проблеми зі слухом. Вони прийшли на дев'яті двотижневі Особливі Збори Духовного Відродження у травні 2001 року, отримали зцілення і велично прославили Бога.

Серед них була 33-річна жінка, яка у вісім років стала глухонімою внаслідок нещасливого випадку. Після того, як її привели до нашої церкви, одразу після Зборів 2001 року, вона чекала на відповіді. Жінка відвідувала щоденні «Збори молитви Даниїла». Покаявшись у гріхах, вона розкрила своє серце. Після того, як вона приготувала себе до Зборів Духовного Відродження, вона із задоволенням прийняла у них участь. Після останнього засідання Зборів, коли я поклав руку на глухонімих і молився, вона не відчула швидких змін. Однак не розчарувалася. Навпаки, побачивши радість і вдячність тих, хто одужав, ще більше повірила у те, що також може отримати зцілення.

Бог побачив віру жінки і зцілив її скоро після закінчення Зборів. Я бачив дію сили Бога, яка проявлялася навіть після закінчення Зборів. Крім того, коли жінка пройшла перевірку слуху, тест показав, що вона добре чує на обидва вуха. Алілуя!

Зцілення природженої глухоти

З року в рік сила Бога проявляється все більше. У 2002 році, під час Кампанії Чудесного Зцілення у Гондурасі велика кількість глухих і німих людей одужали. Коли під час кампанії зцілилася дочка голови служби безпеки, яка була глухою все життя, вона була дуже схвильована і надзвичайно вдячна.

Одне вухо восьмирічної Маделін Ямін Бартрес розвивалося неправильно і згодом вона втратила слух.

Дізнавшись про кампанію, Маделін попросила свого батька відвести її туди. Вона отримала велику милість під час прославлення, і після моєї молитви за всіх хворих вона почала гарно чути. Оскільки батько цієї дівчинки вірно працював, приймаючи участь у кампанії, Бог благословив його дівчинку.

В Індії на Фестивалі Чудесного Зцілення і Молитви у 2002 році Дженифер знімає свій слуховий апарат

Хоча ми не могли зафіксувати кількість всіх свідоцтв зцілення під час та після Кампанії в Індії, навіть маючи декілька з них, ми з радістю віддали подяку і славу Богу. Серед таких випадків була історія дівчинки на ім'я Дженіфер, яка була глухонімою від народження. Лікарі рекомендували, щоби вона носила апарати, які могли трохи поліпшити її слух, але попередили, що слух вилікувати повністю не вдасться.

Мати Дженіфер молилася за неї під час кампанії. Вони сиділи біля великої колонки, бо це зовсім не зашкодило б

Дженіфер зцілилася від вродженої глухоти, оцінка стану її здоров'я лікарем

CHURCH OF SOUTH INDIA
MADRAS DIOCESE
C. S. I. KALYANI MULTI SPECIALITY HOSPITAL
15, Dr. Radhakrishnan Salai, Chennai-600 004. (South India)

Phone : 857 11 01
859 23 06

Ref. No. .... Date 15/10/02

To whom it may concern

Miss Jennifer aged 5 yrs has been examined by me at CSI Kalyani Hospital for her hearing.

After interacting with the child and observing her and after examining this child, I have come to the conclusion that Jennifer has definitely good hearing improvement now than before she was prayed for. Her mother observation of her child is far more important and the mother has definitely noticed marked improvement in her child's hearing ability. Jennifer hears much better without the hearing aid, responding to her name being called whereas previously she was not without the aid.

Audiogram Result: Moderate to severe sensori-neural hearing loss ie 50% – 70% hearing loss. Chennai

Medical Officer,
C. S. I. KALYANI GENERAL HOSPITAL

Дженіфер. Однак в останній день кампанії зібрався дуже великий натовп людей, і донька з мамою не змогли знайти місця біля колонки і сиділи в іншому місці. Тоді сталося дійсно неймовірне. Як тільки я закінчив промовляти з кафедри молитву за хворих, Дженіфер сказала своїй мамі, що у слухових апаратах звук надто гучний для неї і попросила зняти їх. Алілуя!

Відповідно до записів у медицинській карті, зроблених до зцілення, без слухових апаратів Дженіфер не могла реагувати навіть на найгучніші звуки. Інакше кажучи, Дженіфер була на сто відсотків глухою. Але після молитви виявилося, що слух відновився на 30~50 відсотків. Ось записи отоларинголога Крістіни, яка лікувала Дженіфер:

Щоби оцінити здатність п'ятирічної Дженіфер чути, я оглянула її у багатопрофільній клінічній лікарні Кал'яні. Після спілкування з Дженіфер і огляду я дійшла висновку, що після молитви спостерігається певне і значне покращення слуху. Мати Дженіфер має таку ж думку. Вона погодилася зі мною: слух Дженіфер очевидно покращився. Зараз Дженіфер добре чує без слухових апаратів і добре відгукується, коли її кличуть по імені. Але такого не спостерігалось до молитви.

Для тих, хто приготував свої серця і вірить, сила Бога проявиться безперечно. Звичайно, є багато прикладів того, що становище пацієнтів ставало кращим день за днем, коли вони жили вірним християнським життям.

Часто Бог не дає повного одужання одразу тим, хто був глухим з дитинства. Якби вони відразу змогли чути все добре після зцілення, їм би було важко витримати всі звуки. Якщо люди втратили слух у старшому віці, Бог може зцілити їх повністю одразу, бо їм буде неважко пристосуватися до звуків. У таких випадках люди спочатку можуть бути спантеличеними, але через день-два вони заспокояться і звикнуть до своєї здатності все чути.

У квітні 2003 року під час моєї подорожі у місто Дубаї, Об'єднані Арабські Емірати, я познайомився з 32-річною жінкою, котра втратила здатність говорити, у віці двох років перехворівши на церебральний менінгіт. Після моєї молитви вона чітко промовила: «Дякую!» Я подумав, що її слова — лише прояв вдячності, але її батьки сказали мені, що востаннє чули від неї це слово тридцять років тому.

Для того, щоби відчути силу, яка німим дає змогу говорити, а глухим -- чути

В Євангелії від Марка 7:33-35 написано:

І взяв Він його від народу самого, і вклав пальці Свої йому в вуха, і, сплюнувши, доторкнувся його язика. І, на небо споглянувши, Він зідхнув і промовив до нього: Еффата; цебто: Відкрийся! І відкрилися вуха йому, і путо його язика розв'язалось негайно, і він став говорити виразно!

Тут «Еффата» по-єврейськи означає «відкрийся». Коли Ісус наказав первісним голосом створіння, вуха хворого відкрилися і язик розв'язався.

Для чого ж Ісус вклав пальці Свої у вуха чоловіка перед тим як промовити: «Еффата»? У Посланні до римлян 10:17 написано: «Тож віра від слухання, а слухання через Слово Христове». Оскільки цей чоловік не чув, йому було важко отримати віру. Крім того, чоловік не прийшов до Ісуса, щоби отримати зцілення. Навпаки, якісь люди привели його до Ісуса. Вклавши пальці у вуха чоловікові, Ісус допоміг йому отримати віру через відчуття Його пальців.

Тільки коли ми зрозуміємо духовне значення цієї історії, коли Ісус явив силу Бога, ми зможемо відчути Його силу. Які конкретні кроки нам потрібно зробити?

По-перше, для зцілення ми повинні мати віру.

Людина, якій необхідно отримати зцілення, повинна мати хоча б малу віру. Однак на відміну від часів, коли жив Ісус, і внаслідок розвитку цивілізації існує багато засобів, включаючи мову знаків, за допомогою яких навіть людина з вадами слуху може познайомитися з Євангелієм. Декілька років тому у Церкві Манмін всі уривки з Біблії одночасно перекладалися мовою знаків. Старіші проповіді також постійно оновлювалися і перекладалися мовою знаків на сайті.

Крім того, ви можете отримати віру багатьма іншими способами, включаючи книжки, газети, журнали, відео- і аудіокасети, якщо вирішете це зробити. Досягши віри, ви можете відчути силу Бога. Я приводив приклади багатьох свідоцтв, які допомагають людям отримати віру.

Ми повинні отримати прощення.

Чому Ісус сплюнув і торкнувся язика хворого чоловіка після того, як вклав Свої пальці йому у вуха? З духовної точки зору це означає хрещення водою. Це було необхідним для прощення гріхів того чоловіка. Хрещення водою означає те, що ми повинні омитися від своїх гріхів Словом Божим, ніби чистою водою. Щоби відчути силу Бога, людина спочатку повинна вирішити проблему гріха. Щоби очистити нечистоту людини водою, Ісус замінив її слиною. Для того чоловіка це символізувало прощення. У Книзі пророка Ісаї 59:1-2 написано: «Ото ж бо, Господня рука не скоротшала, щоб не помагати, і Його вухо не стало тяжким, щоб не чути, бо то тільки переступи ваші відділювали вас від вашого Бога, і ваші провини ховали обличчя Його від вас, щоб Він не почув».

Як Бог обіцяв нам у 2 Книзі хроніки 7:14: «…і

впокоряться люди Мої, що над ними кличеться Ім'я Моє, і помоляться, і будуть шукати Ім'я Мого, і повернуть зо злих своїх доріг, то Я вислухаю з небес, і прощу їхній гріх, та й вилікую їхній Край!» Щоби отримувати відповіді від Бога, ви повинні оглянутися назад і переглянути своє життя, відкрити своє серце і покаятися.

У чому я маю покаятися перед Богом?

По-перше, ви повинні покаятися у тому, що не вірили в Бога, і прийняти Ісуса Христа. В Євангелії від Івана 16:9 Ісус говорить нам, що через невірство людей Святий Дух засудить світ, визнавши його грішним. Ви повинні розуміти: якщо ви не приймаєте Господа, ви чините гріх. Отже вам слід повірити в Господа і Бога.

По-друге, ви повинні покаятися, якщо не любили своїх братів. У 1 Посланні Івана 4:11 написано: «Улюблені, коли Бог полюбив нас отак, то повинні любити і ми один одного!» Якщо ваш брат ненавидить вас, замість того, щоби ненавидіти його у відповідь, ви повинні проявити терпимість і простити його. Ви повинні також любити своїх ворогів, намагатися бути корисними для них, зрозуміти їх, поставивши себе на їхнє місце. Коли ви почнете любити всіх людей, Бог також пожаліє вас, змилується над вами, явивши дію зцілення.

По-третє, ви повинні покаятися, якщо молилися задля задоволення власних інтересів. Богу не подобаються ті, хто молиться, маючи при цьому егоїстичні наміри. Він не відповість. Від сьогодні ви маєте молитися відповідно до волі Бога.

По-четверте, ви повинні покаятися, якщо молилися із сумнівом. В Посланні Якова 1:6-7 написано: «Але нехай просить із вірою, без жадного сумніву. Бо хто має сумнів, той подібний до морської хвилі, яку жене й кидає вітер. Нехай бо така людина не гадає, що дістане що від Господа». Таким чином, ми повинні молитися з вірою, догоджаючи Богові. Крім того, як Бог нагадує нам у Посланні до євреїв 11:6: «Догодити ж без віри не можна». Тож відкиньте свої сумніви і просіть лише з вірою.

По-п'яте, ви повинні покаятися, якщо не слухалися наказів Бога. Як говорить нам Ісус в Євангелії від Івана 14:21: «Хто заповіді Мої має та їх зберігає, той любить Мене. А хто любить Мене, то полюбить його Мій Отець, і Я полюблю Його, і об'явлюсь йому Сам». Коли ви явите доказ своєї любові до Бога, виконуючи Його заповіді, Він відповість вам. Час від часу віруючі потрапляють у дорожньо-транспортні пригоди. Це тому що більшість з них не святили День Господній або не віддавали десятину повністю. Оскільки вони не корилися основним правилам християн, Десятьом Заповідям, вони не могли знаходитися під захистом Бога. Серед тих, хто вірно кориться Його Заповідям, є такі, що потрапляють в аварії через власні помилки. Однак їх захищає Бог. У таких випадках люди, які знаходяться в автомобілі, не страждають, тому що Бог любить їх і являє їм доказ Своєї любові.

Крім того, люди, які не знали Бога, часто швидко одужують після молитви за них. Це тому що навіть той факт, що вони прийшли до церкви, є проявом віри, і Бог діє в них.

Однак коли люди мають віру і знають істину, але не коряться Божим Заповідям, не живуть за Його Словом, між ними і Богом виростає стіна, а отже вони не отримують зцілення. Бог сильно діє серед невіруючих під час Великих Об'єднаних Кампаній, які проходять за кордоном, тому що факт, що ті люди, які поклоняються ідолам, чують Євангеліє і приходять на кампанії, в очах Бога вважається проявом віри.

По-шосте, ви повинні покаятися, якщо не сіяли. Як написано в Посланні до галатів 6:7: «...що тільки людина посіє, те саме й пожне!» Для того, щоби відчути силу Бога, спочатку ви повинні старанно відвідувати богослужіння. Пам'ятайте: якщо ви сієте тілом, ви отримаєте благословення здоров'ям. Якщо ви сієте матеріальними цінностями, ви отримаєте благословення достатком. Отже якщо ви хочете пожати не сіявши, ви повинні покаятися.

У 1 Посланні Івана 1:7 читаємо: «Коли ж ходимо в світлі, як Сам Він у світлі, то маємо спільність один із одним, і кров Ісуса Христа, Його Сина, очищує нас від усякого гріха». До того ж, підходячи ближче до обітниці Бога, записаній у 1 Посланні Івана 1:9: «Коли ми свої гріхи визнаємо, то Він вірний та праведний, щоб гріхи нам простити, та очистити нас від неправди всілякої», будьте впевненими у тому, що ви оглянулися на своє минуле життя, покаялися, і тепер ходите у світлі.

В ім'я Господа нашого Ісуса Христа я молюся про те, щоби ви мали співчуття від Бога, отримали все, чого попросите, і Його силою отримали не лише благословення бути здоровими, але й благословення в усіх своїх справах і сферах життя!

Послання 9
Бездоганне Боже провидіння

Книга Повторення закону 26:16-19

Цього дня Господь, Бог твій,
наказує тобі виконувати ці постанови та закони,
а ти будеш додержувати, та будеш виконувати їх
усім серцем своїм та всією душею своєю.
Ти сьогодні засвідчив Господеві, що Він буде тобі
Богом,
і що ти будеш ходити дорогами Його,
і що будеш виконувати постанови Його,
і заповіді Його, і закони Його,
і що будеш слухатися голосу Його.
А Господь сьогодні засвідчив тобі, що ти будеш
Йому народом вибраним,
як Він наказав був тобі,
і що ти виконуватимеш усі заповіді Його,
і що Він ставить тебе найвищим понад усі народи,
яких Господь учинив, на хвалу, і на ім'я, і на славу,
і що будеш ти для Господа, Бога свого,
народом святим,
як Він говорив вам.

На прохання вибрати найбільшу форму любові багато людей обрали би батьківську любов, особливо любов матері до своєї навонародженої дитини. Однак у Книзі пророка Ісаї 49:15 ми читаємо: «Чи ж жінка забуде своє немовля, щоб не пожаліти їй сина утроби своєї? Та коли б вони позабували, то Я не забуду про тебе!» Велику любов Бога неможливо порівняти з любов'ю матері до її новонародженої дитини.

Бог любові бажає, щоби всі люди не лише отримали спасіння, але також насолоджувалися вічним життям, благословенням і задоволенням у прекрасних небесах. Тому Він звільняє Своїх дітей від випробувань і страждань і бажає дати те, чого попросять. Бог також направляє кожного з нас, щоби ми жили благословенним життям не лише на землі, але у вічності, яка має прийти.

Тепер, ми роздивимося провидіння Бога для Центральної Церкви Манмін, яке відкрилося через силу і пророцтва.

Любов Бога бажає спасти всі душі

У 2 Посланні Петра 3:3-4 ми читаємо:

Насамперед знайте оце, що в останні дні прийдуть із насмішками глузії, що ходитимуть за своїми пожадливостями, та й скажуть: Де обітниця Його приходу? Бо від того часу, як позасинали наші батьки, усе залишається так від початку творіння.

Є такі люди, які не вірять нам, коли ми розповідаємо про кінець світа. Оскільки сонце завжди вставало і заходило, люди завжди народжувалися і вмирали, а цивілізація постійно рухалася вперед, ці люди вважають, що все буде продовжуватися, як і раніше.

Якщо є початок і кінець людського життя, якщо є початок історії існування людства, тоді обов'язково є кінець. Прийде час, коли Бог відбиратиме. Тоді всьому у всесвіті настане кінець. Всі люди, які жили від Адама, будуть засуджені. Залежно від того, як людина жила на землі, вона потрапить на небеса або у пекло.

Люди, які вірять в Ісуса Христа і живуть за Словом Божим, потраплять на небеса. А люди, які не вірять, навіть після того, як почули Добру Новину, і люди, які не живуть за Словом Божим, але грішать, хоча говорять, що вірять у Господа, потраплять у пекло. Тому Бог бажає поширювати Євангеліє по всьому світу якнайшвидше, щоби більше душ отримали спасіння.

Сила Бога поширюється наприкінці віків

Дійсна причина заснування Богом Центральної Церкви Манмін і прояву дивовижної сили Бога лежить тут. Через прояв Своєї сили Бог свідчить про існування істинного Бога. Він інформує людей про дійсність існування небес і пекла. Як Ісус говорить нам в Євангелії від Івана 4:48: «Як знамен тих та чуд не побачите, не ввіруєте!», особливо у час, коли процвітає гріх і зло, а знання поширюються, найнеобхіднішою є дія сили, яка може зруйнувати людську думку. Тому наприкінці віків Бог дисциплінує Церков Манмін і благословляє її силою, що постійно зростає.

До того ж, зрощення створеного Богом людства наближається до свого кінця. До початку Божого відбору необхідна присутність сили, яка може спасти всіх людей, які мають шанс отримати спасіння. Лише за допомогою дії сили можливо привести велику кількість людей до спасіння.

У деяких странах світу надто важко поширювати Євангеліє через суворі гоніння і страждання. У світі живе багато людей, які ще не чули Добру Новину. Крім того, навіть серед тих, хто відкрито визнає свою віру в Господа, кількість людей, які мають істинну віру, не така вже велика, як думають деякі люди. В Євангелії від Луки 18:8 Ісус запитує нас: «Та Син Людський, як прийде, чи Він на землі знайде віру?...» Багато людей ходить до церкви. Але вони надто не відрізняються від мирських людей і продовжують жити у гріху.

Однак навіть у країнах і областях світу, де відбувається жорстоке гоніння на християн, відколи люди відчули дію сили Бога, віра, яка не боїться смерті, процвітає, і полум'яне поширення Євангелія продовжується. Люди, котрі живуть у гріху, без істинної віри, тепер мають право жити за Словом Бога, відчувши дію сили живого Бога.

Я був з місіями за кордоном у багатьох країнах, де закон забороняє поширювати Євангеліє, проповідувати, де церков переслідують. У таких країнах як Пакістан і Об'єднані Арабські Емірати, де процвітає іслам, у переважно індуіській державі – Індії, я бачив, як велика кількість людей навернулися у віру і отримали спасіння коли їм свідчили про Ісуса Христа, коли люди бачили свідоцтва, через які вони могли повірити у живого Бога. Навіть люди, які поклонялися ідолам, відчувши дію сили Бога, прийняли Ісуса Христа без страху наслідків з боку закону. Це свідчить про абсолютну велич сили Бога.

Так само, як господар збирає врожай, Бог являє таку дивовижну силу, щоби мати можливість пожати всі душі, які мають отримати спасіння в останні дні.

Знамення кінця віку записані в Біблії

Навіть за Словом Божим, записаним у Біблії, ми можемо сказати, що час у який ми живемо, близький до кінця віків. Хоча Бог не сказав нам точну дату і час кінця світу, Він дав нам підказки, за якими ми можемо визначити кінець світу. Так само, як ми можемо передректи, що піде дощ, коли збираються хмари, знамення в Біблії дозволяють нам передректи останні дні за тим як продовжується і розгортається історія.

Наприклад, в Євангелії від Луки 21 ми читаємо: «І, як про війни та розрухи почуєте ви, не лякайтесь, бо перш статись належить тому. Але це не кінець ще» (вірш 9), а також «І будуть землетруси великі та голод, та помір місцями, і страшні та великі ознаки на небі» (вірш 11).

У 2 Посланні до Тимофія 3:1-5 написано:

Знай же ти це, що останніми днями настануть тяжкі часи. Будуть бо люди тоді самолюбні, грошолюбні, зарозумілі, горді, богозневажники, батькам неслухняні, невдячні, непобожні, нелюбовні, запеклі, осудливі, нестримливі, жорстокі, ненависники добра, зрадники, нахабні, бундючні, що більше люблять розкоші, аніж люблять Бога, вони мають вигляд благочестя, але сили його відреклися. Відвертайсь від таких!

По всьому світу відбувається багато катастроф і знамень. Душі і думки людей стають злішими у наш час. Кожного тижня я отримую газетні вирізки, в яких розповідається про різні події і нещасливі випадки, і кількість таких вирізок поступово збільшується. Це означає, що у світі відбувається багато катастроф, нещасть і поганих подій.

Однак на такі події і нещасливі випадки люди реагують вже не так гостро, як колись. Оскільки люди регулярно стикаються з надто великою кількістю подібних історій і нещасливих випадків, вони звикли до них. Більшість з них не сприймають серйозно жорстокі злочини, великі війни, стихійні лиха і пов'язані з цим нещасливі випадки. Такі події звично займають головні полоси газет та часто присутні у засобах масової інформації. Однак якщо вони не відбуваються зі знайомими, для багатьох людей такі події не є значними і скоро забуваються.

Проаналізувавши шлях, по якому рухається історія,

люди, які не сплять і спілкуються з Богом, свідчать в один голос про те, що Пришестя Господа вже близько.

Пророцтва про кінець світу і Боже провидіння для Центральної Церкви Манмін

Через Божі пророцтва, які відкрилися для Церкви Манмін, ми можемо сказати, що це дійсно кінець світу. Від заснування Церкви Манмін і до сьогодні Бог провістив результати президентських і парламентських виборів, смерті значних і добре відомих фігур у Кореї і за кордоном, та багато інших подій, які впливали на історію людства.

Я подавав таку інформацію в кінці щотижневої церковної газети. Якщо зміст був надто важким для сприйняття, я показував його лише декільком особам. Останнім часом я проголошував з кафедри про час откровення для Північної Кореї і США, а також про події, які відбувалися в усьому світі.

Більшість пророцтв виповнилася. Але є такі пророцтва,

які ще не виповнилися. Це стосується подій, які відбуваються зараз, або відбудуться у майбутньому. Визначним є той факт, що більшість пророцтв, пов'язаних з майбутнім, стосуються останніх днів. Ми роздивимося декілька пророцтв щодо Центральної Церкви Манмін.

Перше пророцтво стосується відносин Північної і Південної Кореї.

Від початку заснування Бог відкрив Церкві Манмін багато про Північну Корею. Це тому що в останні дні ми маємо покликання для євангелізації Північної Кореї. У 1983 році Бог прорік нам про проведення зустрічі глав урядів Північної і Південної Кореї та її наслідки. Скоро після зустрічі Північна Корея повинна була тимчасово відкрити двері світові, але через деякий час знову закрити. Бог сказав нам, що коли Північна Корея відкриється, Святе Євангеліє і сила Бога увійдуть в країну, і почнеться поширення Євангелія. Бог сказав, щоби ми запам'ятали, що Пришестя Господа буде неминучим, коли Північна і Південна Корея проявлять себе певним чином. Бог сказав мені тримати в таємниці, що саме дві Кореї «проявлять певним чином». Я досі не можу розголосити цю інформацію.

Як відомо більшості з вас, збори урядів двох Корей відбулися у 2000 році. Ви, напевно, відчуваєте, що Північна Корея скоро відкриє двері, не витримавши міжнародного тиску.

Друге пророцтво стосується покликання приймати участь у світовій місії.

Бог приготував для Церкви Манмін багато закордонних кампаній, на яких збираються десятки, сотні тисяч, мільйони людей. Бог благословив нас швидко євангелізувати світ Своєю дивовижною силою. До списку кампаній входять Кампанія Святого Євангелія в Уганді, про яку розповідалося в міжнародних новинах по каналу СіЕнЕн; Кампанія Зцілення у Пакістані, яка потрясла ісламський світ і відкрила двері для місіонерської роботи у країнах Центрального Сходу; Кампанія Святого Євангелія в Кенії, на якій людей було зцілено від багатьох хвороб, включаючи СНІД; Об'єднана Кампанія Зцілення на Філіпінах, де явилася Божа сила; Кампанія Чудесного Зцілення у Гондурасі, яка викликала ураган дії Святого Духа; а також Кампанія Фестиваль Чудесного Зцілення і Молитви в Індії, найбільшій індуській країні світу, де за чотири дні кампанії зібралося більше трьох мільйонів осіб. Всі кампанії служили трампліном, з якого Церква Манмін могла досягти Ізраїлю, кінцевого пункту призначення.

За грандіозним планом Бога для зрощення людства Бог створив Адама і Єву. А після початку життя на землі – народ Ізраїлю, потомків Якова. На протязі всієї історії Ізраїльського народу Бог хотів явити Свою славу і провидіння для зрощення людства: не лише народу Ізраїля, але народів всього світу. Народ Ізраїлю служить зразком зрощення людства, а історія Ізраїлю, яким керує Сам Бог, -- це не лише історія одного народу, але Його послання всім людям землі. Крім того, перед завершенням зрощення людства, яке почалося з Адама, Бог бажав, щоби Євангеліє повернулося в Ізраїль, звідки воно походило. Однак в Ізраїлі надзвичайно важко проводити християнські зібрання і поширювати Євангеліє. Цій країні потрібен прояв Божої сили, яка може потрясти небо і землю. Виконання цієї частини Божого провидіння – це покликання для Церкви Манмін.

Через Ісуса Христа Бог виконав провидіння спасіння людства і дав всім можливість прийняти Ісуса своїм Спасителем для отримання вічного життя. Однак Богом обраний народ Ізраїлю не визнав Ісуса Месією. Крім того, навіть до того моменту, коли Його діти вознесуться на небо, народ Ізраїлю не зрозуміє провидіння спасіння через Ісуса Христа.

В останні дні Бог бажає, щоби народ Ізраїлю покаявся і прийняв Ісуса як свого Спасителя, щоби отримати спасіння. Тому Бог дозволив, щоби Євангеліє Святості увійшло і поширилося в Ізраїлі через чудове покликання, яке Він дав Церкві Манмін. Тепер, коли у квітні 2003 року створився трамплін для місіонерської роботи у країнах Центральної Азії, відповідно до волі Божої, Церков Манмін буде особливо готуватися до проведення місій в Ізраїлі і виконає провидіння Бога.

Друге пророцтво стосується будівництва Великого Храму.

Скоро після заснування Церкви Манмін, відповідно до відкритого Богом провидіння для останніх днів, Бог покликав нас побудувати Великий Храм, який явить славу Бога всім людям світу.

У часи Старого Заповіту можливо було отримати спасіння від справ. Людина могла спастися навіть якщо не викинула гріх із серця, але якщо його неможливо було побачити. У часи Старого Заповіту люди поклонялися Богу у храмі справами, як вимагав закон.

Однак у часи Нового Заповіту Ісус прийшов і виповнив закон в любові. Повіривши в Ісуса Христа, ми отримали спасіння. Храм, який бажає бачити Бог у часи Нового Заповіту, буде побудований не лише справами, але й серцем. Цей храм повинен бути побудований істинними дітьми Божими, які відцуралися гріха, освятили своє серце і люблять Бога. Тому Бог дозволив, щоби Храм Старого

Заповіту було зруйновано і бажає, щоби був зведений новий храм, який би мав істинне духовне значення.

Тому люди, які будуватимуть Великий Храм, повинні вважатися гідними в очах Бога. Вони повинні бути Божими дітьми, які обрізали свої серця, мають святе, чисте серце, сповнене віри, надії, любові. Коли Бог побачить Великий Храм, побудований Своїми освяченими дітьми, Він зрадіє не лише від зовнішнього вигляду будівлі. Навпаки, споглядаючи на Великий Храм, Він пригадає процес зведення Храму, згадає кожну Свою освячену дитину – плід Його сліз, жертви і терпіння.

Великий Храм має глибокий зміст. Він служитиме пам'ятником зрощення людства, а також символом втіхи для Бога після збору гарного врожаю. Він буде побудований в останні дні, бо це дивовижний будівельний об'єкт, який явить Божу славу всім народам світу. Діаметр Великого Храму становитиме 600 метрів, висота -- 70 метрів. Це буде масивна споруда, збудована з різного виду прекрасних, рідкісних і дорогоцінних матеріалів. У кожному шматочку будівлі і оздоблення закарбується слава Нового Єрусалиму,

Зведення Великого Храму...

шестиденне творіння і сила Бога. Лише погляду на Великий Храм буде достатньо, щоби люди відчули велич і славу Бога. Навіть невіруючі будуть вражені його видом і визнають славу Бога.

Зрештою, Великий Храм – це підготовка ковчега, у якому величезна кількість людей отримає спасіння. В останні дні, коли процвітає гріх і зло, як відбувалося у часи Ноя, Бог вважає правильним, коли люди прийдуть до Великого Храму, повірять у Нього і отримають спасіння. Ще більше людей почують новину про Божу силу і славу, і вони побачать все це на власні очі. Коли вони прийдуть, відкриються численні свідоцтва від Бога. Вони також дізнаються про таємниці духовного царства, про волю Бога, Котрий бажає зібрати врожай істинних дітей, які схожі на Нього.

Великий Храм служитиме осередком кінцевого періоду поширення Євангелія по всьому світу перед Пришестям нашого Господа. До того ж, Бог сказав Церкві Манмін, що коли прийде час початку зведення Великого Храму, то на поміч для його будівництва Він приведе королів, багатих і впливових людей.

Від заснування Центральної Церкви Манмін Бог відкрив пророцтва про останні дні і Його провидіння для Церкви. Навіть до сьогодні Він продовжує проявляти зростаючу силу і виконує Своє Слово. За роки існування церкви Бог Сам вів Церков Манмін, щоби завершити Своє провидіння. До того ж, до моменту повернення Господа Він вестиме нас до завершення всіх завдань, покладених на нас, і відкриє славу Господа по всьому світу.

В Євангелії від Івана 14:11 Ісус говорить нам: «Повірте Мені, що Я в Отці, а Отець у Мені! Коли ж ні, то повірте за вчинки самі». У Книзі Повторення закону 18:22 ми читаємо: «Що буде говорити той пророк Ім'ям Господа, і не станеться та річ, і не прийде, то це те слово, якого не сказав Господь. У зухвалості говорив його той пророк, і ти не будеш боятися його». Сподіваюся, ви зрозумієте провидіння Бога через силу і пророцтва, явлені і відкриті у Центральній Церкві Манмін.

Для виконання Свого провидіння через Центральну Церкву Манмін в останні дні Бог не дав відродження і силу несподівно. Він готував нас більше двадцяти років. Ми збиралися на високу круту гору, виборювали шлях крізь високі хвилі у суворому морі, де Він неодноразово допомагав нам пройти крізь випробування. З людей, які з твердою вірою пройшли випробування, Він зробив посуд, який може закінчити світову місію.

Це стосується також кожного з вас. Віра, з якою людина може потрапити до Нового Єрусалиму, не з'являється і не виростає несподівано. Ви повинні завжди пильнувати, бути готовими до дня, коли повернеться наш Господь. Зруйнуйте всі стіни гріха і, маючи незмінну і палку віру, мчіть до небес. Коли ви почнете рухатися вперед, маючи тверде рішення, Бог без сумніву благословить вашу душу, щоби вона добре справилася з цим, і відповість бажанням вашого серця. До того ж, Бог дасть вам духовну можливість і владу, щоби користуватися вами, як дорогоцінною посудиною для Його провидіння в останні дні.

В ім'я Господа нашого Ісуса Христа я молюся про те, щоби міцно триматися полум'яної віри доки не повернеться Господь і не зустріне нас знов у вічних небесах і у Місті Новий Єрусалим!

Про автора
Доктор Джерок Лі

Доктор Джерок Лі народився у 1943 році у Муані, провінція Джеоннам, Республіка Корея. До тридцяти років на протязі семи років доктор Лі страждав від різних невиліковних хвороб і мав померти, не маючи надії на одужання. Одного дня навесні 1974 року його сестра привела його до церкви. І коли він став на коліна і помолився Богові, живий Бог зцілив його від усіх хвороб.

З того моменту, коли доктор Лі пізнав живого Бога і відчув на собі Його чудодійне зцілення, він щиро полюбив Бога усім серцем. А у 1978 році Бог покликав його на служіння. Джерок Лі палко молився про те, щоби ясно зрозуміти волю Бога та повністю виконати її. Він підкорився Слову Божому. У 1982 році він заснував Центральну Церков Манмін у Сеулі, Корея. А також розпочав виконувати незчисленні Божі справи. У церкві почали відбуватися чудесні зцілення та дива.

У 1986 доктор Лі отримав духовний сан пастора Щорічної асамблеї християнської церкви Сункюл, Корея. А через чотири роки, у 1990 році, його проповіді почали транслюватися Радіотрансляційною компанією Далекого Сходу, Широкомовною станцією Азії та Християнським радіо мережі Вашингтон в Австралії, Росії, на Філіппінах та у багатьох інших країнах.

Через три роки, у 1993, журнал «Християнський світ» (США) оголосив Центральну Церков Манмін однією з «50 найбільших церков світу». Джерок Лі отримав почесний ступінь доктора богослов'я у Колледжі Християнської Віри, Флоріда, США (Christian Faith College, Florida, USA). А у 1996 році – ступінь доктора духівництва у Теологічній семінарії Кінгсвей, Айова, США (Kingsway Theological Seminary, Iowa, USA).

З 1993 року доктор Лі керує всесвітньою місією, проводить багато кампаній у Танзанії, Аргентині, Уганді, Японії, Пакистані, Кенії, на

Філіппінах, у Гондурасі, Індії, Росії, Німеччині, Перу, Демократичній Республіці Конго та у Нью-Йорку, США. У 2002 році найбільша Християнська газета Кореї назвала Джерок Лі «Всесвітнім пастором» за його роботу у багатьох великих об'єднаних кампаніях (Great United Crusades), що проводилися за кордоном.

З лютого 2008 община Центральної церкви Манмін налічує більше 100 000 членів та має 7 800 внутрішніх та закордонних церков-філіалів по всій земній кулі, а також відправила більше 126 місіонерів у 25 країн, у тому числі США, Росію, Німеччину, Канаду, Японію, Китай, Францію, Індію, Кенію та багато інших.

Доктор Лі написав 39 книжок, серед яких є бестселери: «Відчути вічне життя до смерті», «Моє життя», «Моя віра», «Слово про хрест», «Міра віри», «Небеса І» та «Небеса ІІ», «Пекло», «Сила Бога». Його роботи були перекладені більш ніж на 25 мов.

Доктор Лі є засновником та головою багатьох місіонерських організацій та об'єднань. Він – голова Об'єднаної церкви святості Кореї (The United Holiness Church of Korea), президент Державної євангелізаційної газети (The Nation Evangelization Newspaper), президент Манмінської всесвітньої місії (Manmin World Mission), засновник телебачення Манмін (Manmin TV), засновник та голова правління Всесвітньої Християнської мережі (Global Christian Network (GCN)), засновник та голова правління Всесвітньої мережі християнських лікарів (The World Christian Doctors Network (WCDN)), а також засновник та голова правління Міжнародної семінарії Манмін (Manmin International Seminary (MIS)).

Інші важливі книги автора

Небеса I і II

Детальна розповідь про розкішне оточення, в якому житимуть небесні мешканці, а також прекрасний опис різних рівнів небесних царств.

Моє Життя, Моя Віра I і II

Автобіографія доктора Джерок Лі дозволяє читачам відчути найприємніший духовний аромат, розповідаючи про життя, що цвіте надмірною любов'ю до Бога посеред чорних хвиль, холодного ярма і найглибшого розпачу.

Відчути Вічне Життя до Смерті

Автобіографія-свідоцтво доктора Джерок Лі, який народився знову, уникнув долини смерті і живе зразковим християнським життям.

Міра Віри

Які оселі, вінці та нагороди приготовані для вас на небесах? Ця книга додасть вам мудрості і скерує вас, щоби ви виміряли свою віру, розвивали і вдосконалювали її.

Пекло

Відкрите послання Бога всьому людству. Він бажає, щоби жодна людина не потрапила у пекло. Ви дізнаєтеся про досі невідомі думки щодо жорстокої дійсності

www.urimbooks.com

www.ingramcontent.com/pod-product-compliance
Lightning Source LLC
LaVergne TN
LVHW021813060526
838201LV00058B/3366